「おもしろさ」を求めて活動する3歳児
イッチョマエ！の誇らしさを大切にする保育

周囲に広がる世界に新鮮な「驚き」と「不思議さ」を感じながら、世界をおもしろがって生きる3歳児。「集団の物語」に早くから順応することを求めるのではなく、子どもたち一人ひとりのみずみずしい感性に共感することが、乳児期から幼児期に向かう楽しい3歳児保育をつくりだす出発点です。

「思考する主体」として活動する4歳児
揺れる心をドラマにかえる保育

世界を「科学」し、「哲学」しながら生きる4歳児。モノとモノ、自分と他者、そして現在と未来との間に関係があることに気づき、そこに自分が納得できる「論理」を見出そうとするのです。揺れながら自分の頭と五感で世界を広げていく4歳児の思考の中に、保育をおもしろくする糸口がひそんでいます。

「参画する主体」として活動する5歳児
本気と本気がつながる保育

本物志向で物事に取り組み、仲間と協同する力が育つ5歳児。子どもの声から立ち上がり、子どもの参画のもとに展開していくプロジェクトや協同的活動など、仲間とともに探究し、未来を切り開く活動に本格的に向き合うスタートラインに立つのが5歳児保育です。

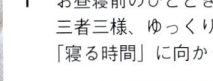

1 お昼寝前のひととき。三者三様、ゆっくり「寝る時間」に向かう。
2 ……なんかいる！
3 楽しい絵本の時間。みんなで見るからもっと楽しい。
4 仲間と図り、知恵をしぼり、園庭の柵を乗り越える。
（1〜4は『3歳児巻』参照）

5 ザリガニの「ザリ男」がついに子どもたちの前に姿をあらわす！（『3歳児巻』参照）

〈虚構と想像の物語〉
仲間とともに想像世界と現実世界を行き来しながら、ワクワクドキドキする物語をつくっていく。〈探索・探究する生活〉と〈文化に開かれた生活〉をつなぎ、〈創造的で協同的な活動〉へと展開していく結節点。

6 忍者の仲間入りを目指し、修行にいそしむ子どもたち。「うずら隠れ」の術で、栄養士さんにも気づかれずにカウンターの下を通過。（『4歳児巻』36頁参照）

7 安心から生まれる食時中の楽しいおしゃべり。（『4歳児巻』46頁参照）

8 カナヘビのために雨の日も生きている虫を探す。（『4歳児巻』24頁参照）

9 庭に穴を掘って池を作る男の子のお話に触発され、自分たちも池を作ることにした子どもたち。（『4歳児巻』120頁参照）

10 保育室の隅でボロボロになっていたソファをみんなですてきにリフォーム。（『4歳児巻』118頁参照）

11 生活の主人公は子どもたち。カレンダーを見ながら、今月の予定を話し合う。（『5歳児巻』102頁参照）

12 オニヤンマの体にはたくさん毛が生えてるんだね。（『5歳児巻』140頁参照）

13 エイサーの踊りと手づくりの太鼓に平和への願いをこめて。（『5歳児巻』170頁参照）

14 お楽しみ会に向けて、「本物」の影絵づくりに取り組んだ子どもたちは、当日の運営にも工夫を凝らす。受付は「自動改札」でピッ！（『5歳児巻』50頁参照）

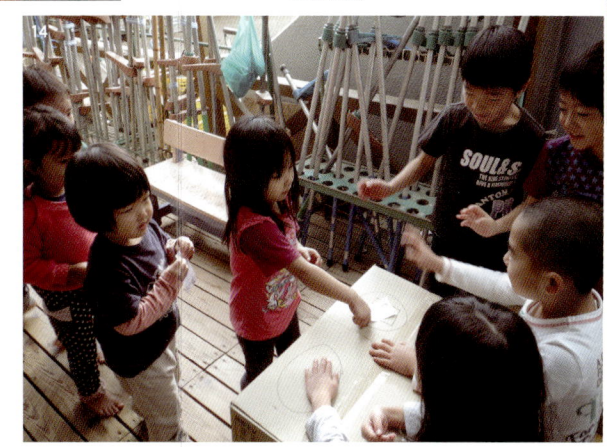

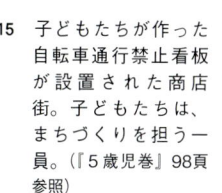

15 子どもたちが作った自転車通行禁止看板が設置された商店街。子どもたちは、まちづくりを担う一員。（『5歳児巻』98頁参照）

揺れる心をドラマにかえて

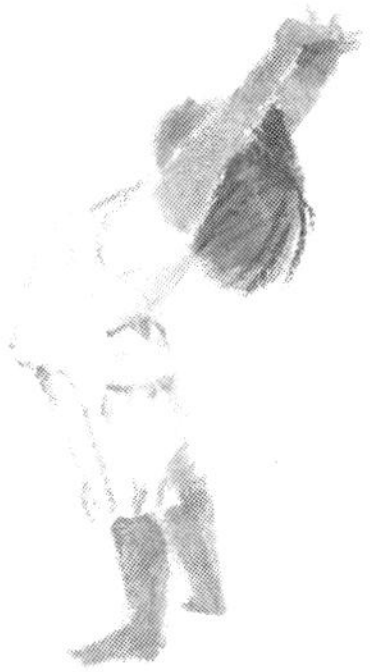

子どもとつくる

子どもとつくる保育・年齢別シリーズ

4歳児保育

加藤繁美 監修
Kato Shigemi

齋藤政子 編著
Saito Masako

ひとなる書房 HITONARU SHOBO

もくじ

子どもとつくる4歳児保育──揺れる心をドラマにかえて

序　　喜びと希望を紡ぎあう保育実践の創造にむけて　加藤繁美　6

第Ⅰ部　4歳児の発達と保育の課題　　13

第1章　意味をつくりだし、意味をつなげ合う子どもたち　14
──4歳児が切り開く3つの世界

1　「思考する主体」として歩きはじめる4歳児　14
2　「論理の世界」の広がり──周囲の世界に関係を見出しながら論理をつくっていく　19
3　「仲間の世界」の広がり──集団の中に自分を位置づけ、仲間の思いを類推する　21
4　「想像と現実の世界」の広がり──想像と現実の世界をふくらませ、つなげ、心躍らせる　24

第2章　思考する4歳児の育ちを豊かに広げる保育とは　26
──4歳児に保障したい3つの生活・活動

1　多様で手ごたえのある世界と出会う　28
2　子どもたちの小さな疑問から小さなプロジェクトを立ち上げる　33
3　仲間とともに想像の世界を広げ、クラスの物語をつくっていく　36

第3章　たっぷり揺れて仲間と育つ保育をどうつくるか　42
──4歳児保育を支える3つのポイント

1　子どもが自分で考え、自分で決める権利を保育の基本にすえる　44
2　多様性を認め合う、対等で安心できる仲間関係を築き上げていく　47
3　「揺れ」と「葛藤」を生きる子どもに寄り添う　50
4　4歳児クラス担任を支える「記録」と「同僚性」　54

column　挑戦が生まれる園庭（木村歩美）　18
column　絵本を通して知る「いろいろな気持ち」（磯崎園子）　32

column 「リクエスト給食」は民主主義のはじまり（島本一男・大塚英生）46

第Ⅱ部 4歳児クラスの実践の展開　57

第1章　子どもの声を聴くことからはじまる保育　58

1　声なき声を聴き取る　58
2　できるようになりたい思いを共有して支える　63

第2章　子ども同士のつながりをつくる話し合い　69

1　何を言っても大丈夫な安心感をつくる　69
2　自分の意見を出し合い認め合う　72

第3章　子どもの試行錯誤につきあう保育　78

1　予想外の反応に計画変更　78
2　子どもといっしょにつくる劇　83
3　お散歩大作戦！　94

第4章　課業とあそびのいい関係　102

1　モノと自由に出会い探究する　102
2　集団あそびとわらべうたの相乗効果　109

第5章　子どもとともにつくる保育の中で育つもの　120

1　自分たちの池をつくろう──虫探しと絵本の世界が結びつく　120
2　メダカ失踪事件──現実とファンタジーをまたにかけて　126
3　お話づくりから劇づくりへ　135
4　一人ひとりの個性と主体性が響き合う　140

column　4歳児と楽しむアート体験（太田絵美子）　118
　　column　自然と出会う・命にふれる（宮武大和）　144

第Ⅲ部　4歳児クラスの保育をデザインする　147
　　——計画づくり・おとな同士の関係づくり・記録と話し合い

第1章　今年の4歳児クラス、どうする？　148
　　——保育者同士の対話と思考

1　今、子どもたちに保障したいことって何？——どの子も安心して自分の思いを出せるように　148
2　おとなの願いと目の前の子どもの姿との間——「4歳らしさ」を押しつけず4歳のプライドも大事にする　154
3　保育者の価値観が揺さぶられるとき——子どもを保育の主人公に　159

第2章　子どもとともに育つ保育者たち　163
　　——はじめて4歳児クラスを担任した若手コンビの一年

1　「このクラスが大好き」を支えた園長・主任　163
2　変わっていく保護者たち　166
3　「辞めないでよかった！」　170

第3章　不思議心が花開く保育を目指して　174
　　——記録を手がかりに「子どもの参画」を追究する

1　明日の保育が楽しみになる記録とは——高見さんの記録から　174
2　「子どもとつくる保育」の糸口を探る——橋村さんと中島さんの記録から　179
3　記録を検討する話し合いで大切にしたい3つの視点　187

あとがき　190

序
喜びと希望を紡ぎあう
保育実践の創造
にむけて

1 「物語」を生きる幼児たち

　小さな子どもたちの生活は、たくさんの「物語」であふれています。
　周囲に広がる世界に「驚き」と「不思議」を感じる子どもたちは、その「驚き」と「不思議」の世界に「意味」を見出し、そうやって見つけ出した「意味」と「意味」とをつなげながら、世界に「物語」を見出していくのです。
　いっしょに生活する仲間の中に「心」があることを発見した子どもたちは、そうやって発見したさまざまな仲間の「心」と対話しながら、人と人との関係が綾なす社会を生きる、自分の「物語」をつくりだしていきます。
　そして自分の中に「心」が存在することに気づいた子どもたちは、自分自身と対話しながら、毎日の生活を送るようになっていきます。幼児期に出会うさまざまな「人生の分岐点」を、自分らしく悩み、考え、選びながら生きていくのです。そんな経験を重ねながら、自分らしい、かけがえのない「人生の物語」を紡いでいくのです。
　もちろん、集団保育の場で生成する子どもたちの「物語」は、子どもが一人で、孤独につくりだすものではありません。仲間の中で、仲間とともに、その社会を構成する一人として社会の営みに能動的に参加しながら、自分の「物語」を紡いでいくのです。つまり、仲間とつくる「集団の物語」と深くかかわりながら、それぞれの子どもの「自分の物語（個人の物語）」がつくられていくのです。
　そしておそらく、「個人の物語」のアンサンブルとして「集団の物語」がつくられていくとき、それぞれの子どもの中に、すてきな「育ちの物語」が紡がれていくことになるのだろうと思います。

ブラジルの教育学者パウロ・フレイレは、そんな形で展開する発達と教育の関係を、次のような言葉で表現しました（『希望の教育学』里見実訳、太郎次郎社、2001年）。

　　誰かが誰かを教育するのではない。
　　自分が自分ひとりで教育するのでもない。
　　人は自らを教育しあうのだ。
　　相互の交わりの中で。

　保育者が子どもを一方的に教育するという考えの誤りについては、もうここで改めて語る必要はないでしょう。そしてそれと同じように、子どもが勝手に大きくなるという考えの誤りについても、多くの言葉を要しないと思います。
　保育者と子どもの関係も、子どもと子どもの関係も、互いに尊重し合う相互のかかわりの中でつくられていくものなのです。そしてそうした相互の交わりを通して、子どもたちはその子らしく、すてきな人間に育っていくのです。

❷ 「参画する主体」として発達する幼児たち

　重要な点はその場合、一人ひとりの子どもが要求をもち、その要求を表現する「声」をもった「主体」として存在することを、保育実践の基底部分にしっかり位置づける点にあります。そしてそうやって発せられた子どもの「声」をていねいに聴き取り、その「声」を起点に保育実践をつくりだしていく点にあります。
　もちろん、ここでいう子どもの「声」とは、子どもが話した「音声」のみを指しているのではありません。まだ言葉をもたない乳児たちの「声なき思い（要求）」を含め、声としては表現されない、さまざまな子どもの思いを受け止め、その思いを正当に評価する保育実践の創造が、私たちには求められているのです。
　そんな子どもの姿を、本書の中では**参画する主体**と位置づけています。子どもの「声」を大切にする保育は、園生活の内容を決定する営みに子ども自身の参加・参画を保障する保育でもあるのです。
　もっとも、いくら幼児を「参画する主体」として位置づけるといっても、「参画」のレベルは年齢・発達段階によって異なります。乳幼児は、社会の営みに参加・参画する権利を保障される生活の過程で、参加・参画する能力を身につけていく存在でもあるのです。
　このシリーズでは、各巻の**第Ⅰ部**において、そうやって「参画する主体」へと育っていく

乳幼児の姿をそれぞれの年齢ごとに描きだしています。たとえば、本書を含む3歳から5歳までの「幼児巻」では、次のように特徴づけて論じています。

・「おもしろさ」を求めて活動する3歳児
・「思考する主体」として活動する4歳児
・「参画する主体」として活動する5歳児

　もちろん、階段を上るように、1つの段階から次の段階へと単純に移行するというのではありません。3歳児だって「参画する主体」として尊重される権利を持っていますし、5歳児だって「おもしろさ」を求めて活動する側面を失うわけではないのです。ただその場合、保育の中で子どもたちに保障する生活と活動のポイントがゆるやかに移行していくことを表現しているだけなのです。
　周囲に広がる世界に「驚き」と「不思議さ」を感じながら、世界をおもしろがって生きる権利を、3歳児にはたっぷりと保障したいと思います。「集団の物語」に早くから順応することを求めるのではなく、それぞれの子どもが、その子らしい感じ方を大切に生きる権利を保障することが、3歳児には重要なのです。
　これに対して、関係を生きる力が育つ4歳児は、世界を「科学」し、「哲学」しながら生きるようになっていきます。モノとモノとの間に、自分と他者との間に、そして現在と未来との間に関係があることを知った4歳児は、そこにある関係に論理を見出すようになっていくのです。だから4歳児は、けっこう理屈っぽく生きるのです。
　5歳児を「参画する主体」としたのは、集団に責任を持ち、仲間と協同する力が育つこの時期に、子どもの意見を最大限尊重する保育をつくりだす必要があると考えたからです。プロジェクトとか協同的活動といった言葉で表現される、仲間と未来を切り開く活動に本格的に向き合うスタートラインに立つのが、5歳児保育なのです。

❸　「子どもとつくる保育」を構成する4種類の生活・活動

　こうして、一人ひとりの子どもの「声」に耳を傾け、そうやって聴き取られた「声」を起点に実践をつくりだしていく営みを、このシリーズでは「**子どもとつくる保育**」と呼んでいますが、そこで大切にされているのが、活動の発展方向を子どもと保育者がいっしょに決めていく「参画」の関係なのです。つまり、**保育計画をつくる営みに、子どもたちが「参画」する保育実践**が「子どもとつくる保育」なのです。

図　保育実践を構成する4つの生活・活動の構造

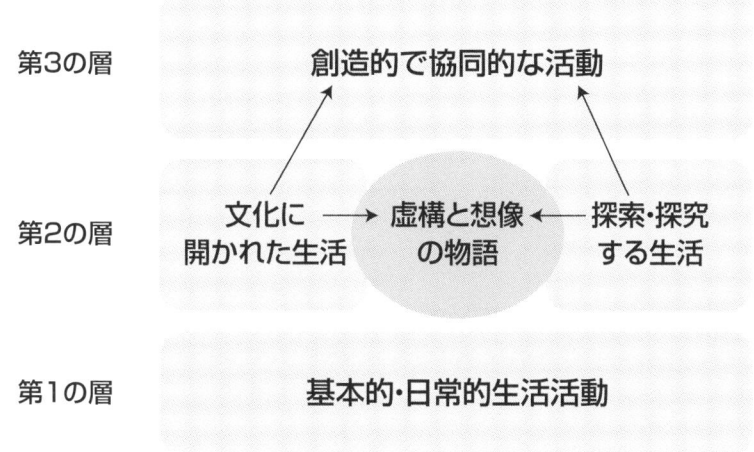

　もっともそうはいうものの、園で展開されるすべての生活・活動が、同じような「参画」の形をもつわけではありません。保育者の決めた活動に子どもたちが「参加」することもあれば、子どもが自分でおもしろいと思う活動に、ただ没頭する時間だってあるのです。
　たとえばこの本の中では、子どもたちが経験する生活・活動を4種類に分類し、さらにそれを3層構造で整理していますが（図）、ここに分類した4種類の生活・活動は、内容の差異だけではなく、「参加・参画」の4つの形態を表現しています。
　たとえばこのうち最上部に位置する〈創造的で協同的な活動〉が、子どもの声を起点に、子どもたちの「参画」で活動をデザインし、つくりだしていく、「子どもとつくる保育」を象徴する活動ということができます。主体性と協同性とを響かせながら、創造的で協同的に展開していく保育実践は、まさに「参画」する幼児たちの力が存分に発揮される保育の姿だといえるでしょう。
　これに対して第2層に位置づけられた〈探索・探究する生活〉と〈文化に開かれた生活〉は、子どもたちが経験する園生活の二本柱として機能しますが、前者が子どもの自主性・能動性を基本に展開していくのに対して、後者は保育者が準備し、計画した文化・文化財（絵本・紙芝居・うた・手あそび等）との出会いに、子どもたちが「参加」する関係を基本にしています。
　もちろん、これらの生活・活動は完全に独立した活動として組織されるわけではなく、相互に関連し合いながら、毎日の生活を形づくっていくのです。自然発生的に生まれる「ごっこあそび」の世界は、〈探索・探究する生活〉と〈文化に開かれた生活〉とが絡み合い、融合しながら、3歳児・4歳児の世界に広がっていきます。図の中ではこうして広がっていく幼児

の活動を〈虚構と想像の物語〉と整理していますが、変幻自在に生成するこの活動は、第2層の2つの生活をつなぎ、第2層と第3層とをつなぐ活動として機能することになっていきます。この〈虚構と想像の物語〉を結節点としながら、第2層で生成した活動を〈創造的で協同的な活動〉へと発展させていくことになっていくのです（ただし、活動間の結節点として機能する性格から、4種類に分類した生活・活動とは別枠で保育構造に位置づけています）。

　これら3種類の生活・活動の基盤に位置づくのが〈基本的・日常的生活活動〉です。食事・排泄・睡眠・生活といった基本的生活活動と、グループ活動・係活動・当番活動といった日常的生活活動との両面を持ちながら組織されていきますが、この活動も、おとなが用意した環境やそれぞれの園の生活スタイルに子どもが「参加」することを基本に展開されていくといった特徴を持っています。ただしこれも、「他律」から「自律」・「自治」へと子どもたちの生活を誘っていく視点を持つことが重要になってきます。

　以上4種類の生活・活動は、実際の実践の中では多様に融合しながら展開していきます。本書の第Ⅱ部には、そんな「子どもとつくる保育」の実践事例がたくさん登場します。幼児期の保育において、子どもの声をていねいに聴き取り、子どもを参加・参画の主体として尊重するとどんな実践になるか、そしてその際、必要とされる視点はどのようなものか、具体的・分析的に紹介しています。

④ 「子どもとつくる保育」の必要十分条件

　さて、以上見てきた通り、「子どもとつくる保育」は子どもの声を起点に、子どもの権利を尊重する保育として展開されていきます。したがって、常に子どもの声に耳を傾けることを大切にすることになるのですが、それはけっして簡単なことではありません。

　なぜなら保育実践の場面では、活動に無言で参加する子どももいれば、自分の思いをうまく表現できない子どもだっているのです。そしてそんな子どもの声が、保育者の耳に残らないこともあるし、保育者によって都合よく解釈されることだってあるのです。

　つまり「子どもとつくる保育」は、専門家として生きる保育者の、個人的力量が大きく影響する保育でもあるのです。子どもの思いに共感するセンスも、子どもの思いをどこに向けて発展させようかと考える構想力も、子ども同士の意見の違いに対応する問題解決能力も、すべて保育者相互の間に埋めがたい差が存在するのです。そしてそのセンス・能力の質の差が、保育実践の質の差にストレートに反映してしまうところに、「子どもとつくる保育」のむずかしさがあるのです。

　それゆえ、「子どもとつくる保育」を展開するに際しては、実践を記録することが何より

も大切です。そして、そうやって記録された子どもの「声」の中に、言葉には表現されていない「本当の想い」を読み取り、「明日の保育」をデザインする話し合いが、保育者集団には求められます。保育者の主観的判断と個人的能力にゆだねられることの多い保育実践の精度を上げ、実践の客観性を高めるためには、記録の質と、同僚性の質を高める努力を重ねていくことが、決定的に重要な意味を持つことになるのです。

　ところが日本の保育政策においては、このような手間のかかる保育実践研究の時間と空間を、保育者の専門性の中に正当に位置づけてきませんでした。しかも、世界的に例を見ない大量の子どもたちを抱え込む幼児クラスで、この困難な課題に挑戦することがどれだけ大変なことか、それは容易に想像がつきます。

　本書の第Ⅲ部は、そうした困難な現実の中、実践記録を書き、それをもとに保育をつくりだしていく各園の努力の姿が描かれています。実践記録を保育に生かす保育者は確実に増えてきたものの、それを議論する職員会議の記録には、なかなか遭遇することができません。保育者の同僚性研究も含めて、今後の深化が期待される研究課題の1つです。

⑤ 時代が求める保育実践創造の課題に夢と希望を

　乳幼児を一人の人間・市民として尊重し、その声が正当に聴き取られる権利を保障する保育実践を、子どもとの応答的・対話的な関係の中でつくりだそうという「子どもとつくる保育」——この時代にこうした保育を提案する理由は大きく言って2つあります。

　1つは、21世紀を「子どもの権利」が花開く時代に発展させていく課題への挑戦です。子どもの中に生起する多様な声を、一人の人間（市民）の声として尊重する保育実践をつくりだしながら、「意味をつくりだす主体」として子どもを大切にする子ども観・保育観を、日本の保育実践の現場から提案していきたいという思いがここにはあります。

　そしてあと1つは、児童虐待問題に象徴されるように、この日本に生きる子どもたちの声がていねいに聴き取られていない現実に、社会的保育の場からこたえていくことへの挑戦です。自分の声を聴き取られながら「心の形」をつくっていくのが乳幼児期という時期だとするなら、その時期にだれかが、ていねいに子どもの声を聴き取る責任があるのです。家庭における子育ての困難が叫ばれる中、集団保育の場で子どもの声を受け止め、聴き取ることで、子どもを育てる重層的な関係を、社会に構築していく必要があるのです。

　本シリーズが豊かに読まれ、議論が広がり、この2つの現代的課題にともに挑むさまざまな「子どもとつくる保育」の実践が、大きな流れとなっていくことを期待します。

監修者　**加藤繁美**

第Ⅰ部

4歳児の発達と
保育の課題

第1章
意味をつくりだし、意味をつなげ合う子どもたち
——4歳児が切り開く3つの世界

「思考する主体」として歩きはじめる4歳児が切り開く3つの世界
❶ 論理の世界──周囲の世界に関係を見出しながら論理をつくっていく
❷ 仲間の世界──集団の中に自分を位置づけ、仲間の思いを類推する
❸ 想像と現実の世界──想像と現実の世界をふくらませ、つなげ、心躍らせる

1 「思考する主体」として歩きはじめる4歳児

毎日が発見の連続!

　　　　　（久しぶりの青空の朝、幼稚園に行くのに元気よく飛び出して）
　わぁーっ
　きもちいい　あさ！
　そらがきれいだねえ　おかあさん
　（空を指さして）　あそこは　うちゅうだね
　（自分の足元を指さして）　ここの　つちは　ちきゅうだね
　　　　　　　　　　　　まんかわ　しょうこ（4歳10か月）

　おれ　わかった！
　さいしょに　おれが　うまれて
　それから　おにいちゃんが　うまれて　それで
　おにいちゃんが　どんどん　おおきくなって

おれをおいこしちゃったんでしょ

　　（お誕生日は自分（６月生まれ）のほうが先に来るのに、どうしてお兄ちゃん（７月生まれ）のほうが大きいのか、陽介なりに考えてすっきりしたのか、はればれとした顔つきでした。）

　　　　　　　　　　　　　　　　　　　いたくら ようすけ（４歳11か月）[1]

[1] 上野さと子編「オレンジいろのなみだだよ」『ちいさいなかま』1996年4月号、草土文化。

　空は「宇宙」、土は「地球」というように、今まで生きてきた世界と蓄えてきた知識がパチンと結びついたしょうこちゃん。

　誕生月と年齢のズレについて、長い間不思議だなと考えていたことを、自分で考え出した「理屈」によって意味づけたようすけくん。

　このように４歳の子どもたちは、知識や経験を自分の中に蓄えておき、今まさに出会っている目の前の世界に対応して取り出すことができるようになります。そうやって「わかること」が増えてくるから、「わからないこと」にぶつかると、「不思議だな」と思うこともできるし、その疑問をずっと持ち続けることができるようになるのです。

　感動に満ちたしょうこちゃんの言葉、すっきりとはればれとしたようすけくんの言葉には、自分の目と頭を駆使してまわりの世界をとらえ直し、意味づけ、日々、新発見を重ねながら、さらに世界を広げていく４歳児らしい喜びと希望があふれています。

まわりが見えるから自分も見える

　自分が置かれている世界のしくみ、自分ときょうだいの関係や違いなど、まわりのモノや人に視野を広げ、いろいろな視点から思考し続ける力を獲得した４歳の子どもたちは、自分自身を客観的にとらえ、ふり返ることができるようになります。

　泥だんごを作っているときでも、４歳児クラスになると、"つるつる"や"ぴかぴか"になっているかどうかにこだわりはじめ、友だちのものとそっと見くらべはじめます。できてもすぐに保育者に見せに来なくなったり、友だちの泥だんごと並べて置きたがらなくなったりします。２、３歳時代のように、互いの泥だんごを見せ合いながら「いっしょだね」と共感し合

うだけでは納得しないのです。

　一見消極的な姿を見せはじめる4歳児ですが、友だちのやっていることをじっと見て、その姿に自分も近づこうと黙々と努力する姿も見せてくれます。つるつるでぴかぴかの泥だんごをつくるためには、確かな技術や知識を身につけていくことが必要であることも、わかっているからです。

　まわりが見えてくる4歳児は、友だち関係も次第に複雑になってきます。おとなからちょっと自立した「ぼくたち・わたしたちの世界」を楽しんでいた3歳時代から一歩進んで、4歳児は「ぼくたち・わたしたちの世界」の中の「自分」や「友だち」を意識し、それぞれの位置や関係が気になりはじめます。自分とどう違うのか、自分とくらべてどのくらいすごいのかまでしっかり見えるので、自分に対する誇りや自信を持ちきれず、心が揺れることがあるのです。それで、今までになく引っ込み思案になったり、心が揺れたりする姿が見られるようになってくるのです。

自らの思考をめぐらせ世界を広げていく

　このように、心に「揺れ」を抱えながら生きる4歳児たちですが、じつはこうした4歳児の行動は、モノとモノとの間、事象と事象との間に「間（あいだ）の世界」、「中間の世界」を発見し、「思考する主体」として歩きはじめたからこそあらわれる姿なのです。

4歳児は、「縦」と「横」だけでなく「斜め」があることや、昨日の次に今日が来て明日が来ることがわかります。丸の描画も、大きい・小さいだけでなく中くらいの丸をたくさん描けるようになります。天と地の間の世界を描いたり、積み木を斜めにして積んでみようとしたりするのです。このことは、自分たちが住んでいる世界が、対照的な2つのものだけでつくられているのではなく、その「間」に多様な世界が広がっていることを子どもたちが「発見」したことを意味しています。❷

そして、こうして「間」の世界を発見した4歳児は、その力をもとに、次の3つの世界を広げていくことになります。

1つめは、モノとモノとの間、事象と事象との間に関係を見出し、そこに「論理」をつくりだしていく世界（論理の世界）の広がりです。自分のまわりに広がる世界を関係づけてとらえ、そこにはどんな「論理」があるのか、自分の頭で考え出していく──「思考する主体」として4歳児が育っていくのは、まさにそうした世界が広がっていくからに他なりません。

2つめは、**自分と他者との間に関係を見出し、集団の中の自分の位置、集団の中の他者の位置についてあれこれ考えていく世界（仲間の世界）の広がりと深まり**です。実際、4歳は、信頼できるおとなとの関係においても、大好きな仲間との関係においても「揺れる」ことが多い時期です。それはこうして、多様に広がる人間関係において、自分の位置を認知することができるようになったことによるのです。

そして3つめが、**見えないものに思いをはせ、そうやって思い描いた想像世界と現実世界との間に論理をつくりだし、2つの世界を共存させながら生きる世界（想像と現実の世界）の広がり**です。想像と空想の世界が広がる4歳児は、現実で体験した世界だけでなく、絵本などを通して経験した物語の世界についても、リアリティーを感じながら生きています。そして、想像の世界と、現実の世界という、この異質な経験の間にも関係を見出そうとするのです。

❷ 4歳前後には、「○○しながら△△する」という心の働きが可能になっていくために、身体面でも2つの異なった動きを同時に行うことができはじめます（片足を上げながら前に進む「ケンケン」、紙を持ちながらもう一方の手ではさみを持ち切り進む「連続切り」、歌いながら縄跳びを跳ぶなど）。また、周囲の状況に合わせて自分の行動を点検し、調整する力が育ちつつある4歳児は、オニごっこで逃げる時は、オニの様子をうかがいながら、走ったり立ち止まったりできるようになります。さらに5歳以降は、自分がオニの時は、1人を追いかけながら他の子の様子も見て、ターゲットを他に切り替えて追いかけることもできるようになっていきます（田中浩司「幼児の鬼ごっこ場面における仲間意識の発達」『発達心理学研究』第16巻第2号、2005年、185〜192頁）。

第Ⅰ部●4歳児の発達と保育の課題

column 挑戦が生まれる園庭

木村歩美　NPO法人園庭・園外での野育を推進する会

1～3　1周約60メートルの坂ありバンクありの「コース」にぐるっと囲まれた三瀬保育園（山形）の園庭。途中、頭上のうんていを渡る人がいたり、トンネルから出てくる人がいたりするので、走行にはまわりを見る注意力も必要。
4　高さの低い一本橋はお手のもの。
5　もっと高い一本橋（2メートル以上）を整備するおとなたちをじっと見つめる。
6　さっそく挑戦。まずはお尻をつけてゆっくりゆっくり進み、渡りきったあと、自分が進んできた橋をしげしげと眺めていた。

7～9　旦の原保育園（大分）の園庭に設置された2本の木の幹をつないだV字つり橋（高さ約1メートル）には、まずこれらの木に登れないと行きつけない。不安定なのが楽しくて、さらに揺する子どもも。

子どもたちの自由と挑戦を広げる園庭には危険がつきものだが、ここで紹介した園庭改造事例は、いずれも一級建築士の井上寿氏による監修のもと、安全性に配慮しつつ、現場の保育者との対話と園内研修（木村担当）とセットで検討・デザイン・作業を進めている。

② 「論理の世界」の広がり
――周囲の世界に関係を見出しながら論理をつくっていく

　「思考する主体」として活動する４歳児たちは、モノとモノ、事象と事象との間に論理をつくりだし、そうやってつくりだした論理の世界にこだわりながら生きるようになってきます。さまざまな仮説を思い浮かべながら、物事の背後にある法則や理由についてじっくり思考をめぐらせ、自分の中でまだつながっていない物事同士の「間（あいだ）」をなんとかつなげようとするのです。そんなときの４歳児はたいてい言葉少なです。次の事例は、３歳児クラス担任の鈴木さんの目にうつった４歳児の姿です。

　ある風の強い日。子どもたちはみな昼食のため部屋に入っていて、だれもいない静かな園庭。その園庭に面したテラスで、一人の男の子がじっと遠くの方を見つめています。その視線の先を追うと、風にあおられて大きく揺れている木。木々を揺るがせる風を自分の肌でも感じながら、何かを考えているふうだったその子の様子が印象的で、３歳児との暮らしの中ではあまりそういう姿には出会わない気がすると話していたら、フリー保育者の千鶴子さんが「そういえば……」と話しはじめました。

　朝、４歳児クラスの部屋に「おはよう」と入ると、マスクをしたあかねちゃんが近寄ってきて「ねぇ千鶴子さん、あかね風邪治ったよ」と教えてくれたので、「あ〜治ってよかったね〜」と返事を返すと、２人の会話を聞いていたみなとちゃんが、「おぉ、あかね熱下がったんだ」と言ってあかねちゃんの顔をのぞき込み、顔色を確かめるかのように、あかねちゃんの目をじっと見つめていた。みなとちゃんは、昨日あかねちゃんが熱で保育園を休んだことを知っていました。そして、そんなあかねちゃんが、今日はマスクをしているけど来ていて、保育者に「風邪治ったよ」と言っていたので、本当に元気になったのかと疑問に感じ、自分なりに確かめてみようとしていたのではないかと思った、と。[3]

　目の前で起こるさまざまな出来事に、「なぜ？」「どうして？」「本当？」

[3] 鈴木秀弘さん（千葉・和光保育園）の実践ノートより。

とじっくり向き合い、納得できるまで確かめようとするのが、3歳とも5歳とも違う4歳児らしい姿だと鈴木さんは言います。

次に紹介する事例は、「ミイラ化したカエル」を見つけてお墓を作ったときの4歳児たちの会話です。

＊そうか！　天国に行ったんだ！

　ミイラ化したカエルをプールの排水溝のところで見つけたえいたくん。担任といっしょにお墓を作って埋めたのですが、もうひとりの担任の「えー、見たかったな」の言葉に、「いいよ、もう一度見せてあげる」とこたえて、再び掘りはじめました。ところが、掘った場所が違っているのか、いくら掘ってもカエルは出てきません。するとえいたくん、「そうか！　天国に行ったんだ！　天国に行くの早〜」と話すと、となりにいたおさむくんまでも「天国ってあったかいんだって！　よかったね」と言い、妙に2人で納得していました。

　"さっきここに埋めたはずなのに、どうしてカエルはいなくなったんだろう？"と考えているうちに、"生き物は死ぬと天国に行くらしい""天国はこの世界とは別の、どこか遠いところにあるらしい"ということを思い出し、それがえいたくんの「発見」につながっていく……。

　「知っていること」と「知らないこと」の間を埋め、「見えているもの」と「見えていないもの」の間を想像し、「原因」と「結果」との間に納得のいく論理をつくりだそうとするえいたくんの頭の中は、自分の中に蓄積してきた体験や知識を総動員しながら、まさに「思考する主体」として生きる4歳児ならではの動きをしているのです。そして、そうやって自ら組み立てた「論理の世界」が、さらに新たな世界との出会いと思考を生み出していきます。先の鈴木さんも次のように述べています。

　言葉だけで理解するということは、頭の中で概念がある程度できていなければなりません。4歳児は、聞いただけではまだ理解できないこと、納得できないことがたくさんある。しかし、理解できないけど、わかりたいという意欲が、一つひとつの物事と忠実に出会うという態度を後押しし、そうやって自分なりの方法で、自分なりの納得を積み重ねてきた自信が、さらに"わかりたい"という思いを強め、関心を外に開かせていくのですね。

❹ 高見亮平さん（東京・D保育園）からの聞き取りより。子どもの名前は変更。

❺ 子どもにとって納得のいく論理は、おとなからみると幼くみえる場合もありますが、4歳児が「思考する主体」として育つうえで重要なものです。寺川志奈子さんは、「その時期にしか出会うことのできない子どもらしい理屈と感性をもった魅力にあふれて」いて、「子どもが真剣に考えるプロセスそのものにこそ、値打ちがある」と述べています（「認識の広がりと見えない世界の想像」「ちいさいなかま」編集部編『保育のきほん4・5歳』ひとなる書房、2011年、48頁）。その時期に持っている認識の枠組みで世界を整理し意味づけていくこと、さらに、すでに獲得した大小や長短などの2つの世界の間（あいだ）にある世界を広げていくことが重要でしょう。

❻ 同前❸。

3 「仲間の世界」の広がり
――集団の中に自分を位置づけ、仲間の思いを類推する

　また、「間（あいだ）」を認識しはじめる４歳児は、自分と他者との間にも関係を見出し、そうやって認識した関係の中に自分を位置づけ、仲間を位置づけるようになってきます。

　一般に、自分の心の中を見つめ、他者の心の中を類推することを可能にする「心の理論」[7]を獲得するのは４歳半を過ぎるころだと言われていますが、こうした力を確かなものにすればするほど子どもたちは、集団における自分の位置に敏感になり、「できない自分」を意識するようになってくるのです。

[7] 本書23頁参照。

　実際、運動会で「勝ち負け」に対するこだわりが出てくるのは４歳児ですし、「自分は絵がへただ」と言って絵を描くのを拒否する子どもが登場するのも４歳児です。そしてそれゆえ４歳児は、仲間の中で揺れる自分と遭遇することにもなってしまうのですが、それと同時に、仲間の心の中を類推し、仲間のために心をくだくようにもなっていくのです。

　たとえば、遊具を登ろうとする子の顔をじゅんぺいくんが蹴ってしまったとき、クラスで話し合う過程で友だちを理解する目が深まっていった様子を、４歳児クラス担当の保育者は、次のように記しています。

＊「じゅんぺいは仲間や」

　アスレチックの上で下から上に上がってくるあゆみの顔を蹴ってしまったじゅんぺい。なんで蹴ったかをじゅんぺいに聞くと「先に下りたかった」から。あゆみに先に下りたいと伝えたかと聞くと「何にも言っていない」とのこと。まさかと思い、あゆみにも話を聞くと「何も聞いていない」……さすがにまさかと思っていた担任もショック→そして怒り!!　涙を流しじゅんぺいは謝るがあゆみは「許さへん！」と頑なに拒否。担任も怒りが収まらず「そら、何にも言わないで怒って、その上お友だちのこと蹴ったらそら許してもらえないんちゃうか？　みんなにじゅんぺいの気持ちをきいてもらい。でも、じゅんぺいが自分で考えて言

わなあかんよ！」と冷たく突き放す。
　その後、部屋に入り「大事件がおきた」とじゅんぺいの話をし、じゅんぺいが「あゆみちゃんの顔を蹴ってしまってごめんな」とおいおい泣きながら謝るが、あゆみは許さない。その上、クラスの仲間からは「心が黒くなるで‼」「パンチやキックする人はここにはいないんや‼」「ほかのクラスにいってほしい‼」「じゅんぺいが悪い‼」「お口ないんか‼」もう、言いたい放題‼　担任も今回は許すつもりはさらさら無く、「ほんまや」「そうか」など相槌をうつ。そして、みんなの怒号が落ちついた時「でも、じゅんぺいは仲間や」　ん……??　「じゅんぺいがいなかったら、劇できひん！」「蹴ったりするじゅんぺいはいややけど、いなくなるんは嫌や‼」もう一度謝り、もうしないとみんなに約束をするとあゆみも「いいよ」と許してくれた。みんな満足そうな顔をしていたのが印象的だった。

❽ 某保育園Y「裏四歳児部会」京都保育問題研究会『保育びと』第20号、2008年、40頁、子どもの名前は変更。

　友だちの顔を蹴るなどという行為は絶対許すことはできないけれど、でも「じゅんぺいは大切な仲間なんだ」ということも事実なのです。その２つの価値の中で揺れながら、それでも多角的に友だちを見ることができるようになっていくのは、４歳児が「思考する主体」として仲間関係を生きる存在だからに他なりません。
　こうして４歳の子どもたちは、手に入れた思考力を駆使して、より広い世界との出会いをくり返しながら、「意味」をつくりだし、仲間とつながり、社会的存在としての誇りを実感するようになっていくのです。

解説　他者の内面を類推する「心の理論」が形成される4歳児

　2、3歳の幼児は、おやつの時間、となりに座っている友だちの様子を見て、「ゆかりちゃん、（イチゴ）もういっこほしいって」というように、自分の「願望」だけでなく他者の「願望」についても語れるようになりますが、4歳を過ぎると、「願望」だけではなく他者の考えていることを説明しようとしはじめます。

　たとえば、家の冷蔵庫を開けて何かを探す姉を見ながら、「おねえちゃんは、さっきおかあさんが食べてしまった冷蔵庫の中のアイスクリームを探している」というように、姉が心の中で考えていることを説明しようとします。冷蔵庫の中にはもうアイスクリームはないのに、姉は「ある」と思っているのです。4歳児の妹は、自分はおかあさんが食べたところを見ているから知っているけれど、その場にいなかった姉は、そのことを知らないから、「まだあるはずだ」と勘違いしているのだと、自分とは違う姉の視点と心の中を類推できるようになっているのです。

　私たちは、他者の心の中を直接観察することはできません。そのため、心と行動の規則性を見つけて他者の心の中を推測しようとします。いわば、心というものを理解する「枠組み」を使って心をとらえようとするわけです。自分の心や他者の心を理解するこうしたプロセスは、近年「心の理論」と名づけられてさかんに研究されています。他者の行動の背景にその人の心的状態が関連していることがわかってきた子どもを、「心の理論」をもつ子どもと呼びます。

　幼児期の「心の理論」の発達をみる課題としてよく用いられているのが、「サリーとアンの課題」（Baron-Cohen,S.,Leslie,A.M. & Frith,U.,1985）です。この課題のポイントは、「物語の主人公のサリーは、自分のものをどこにあると思っているのか、どこを探すだろうか」という問いに対して、回答者である幼児が、自分の考えていることと、サリーが考えていることのくい違いを理解できるかどうかにあります。

　この課題に、3歳児は、自分の考えている場所をサリーも探すと答えます。自分の考えていることとサリーの考えていることは同じだと思っているのです。一方、4歳を過ぎた子どもの多くは、先ほどのアイスクリームの例のように、実際にはそこにはないけれど、サリーはそこにあると考えているからその場所を探すだろうと、サリーの心の中を類推して答えるようになっていきます。まだまだ発達の差は大きいですが、ちょうど4歳児クラスというのは、自分の知っている事実をいったん横に置いておいて、他者の心的状態を理解しようとしはじめる時期にあたると考えられているのです。

Baron-Cohen,S.,Leslie,A.M. & Frith,U.,(1985) Does the autistic child have a "theory of mind"?. Cognition. 21.37-46
（イラストは、瀬野由衣「第6章 心の理解の発達」加藤義信編著『資料でわかる 認知発達心理学入門』ひとなる書房、2008年、93頁より転載）

4 「想像と現実の世界」の広がり
——想像と現実の世界をふくらませ、つなげ、心躍らせる

　4歳の子どもたちはまた、絵本や物語の世界に感情移入し、想像の翼をはばたかせながら生きる時期でもあります。しかも子どもたちの想像世界は、仲間同士で共有され、ともにワクワクドキドキ心を動かし合いながら、クラス中に広がっていくのです。そして、その想像世界は、現実に起きるあれこれの出来事とも結びつくことで、生きいきとしたリアリティーが感じられる、このクラスだけの不思議な物語がつくられていくのです。

　たとえば次に紹介するのは、カナヘビ（ただし、この時点では保育者も子どもたちもトカゲだと思っていた）の「こっぷちゃん」を飼育した4歳児の実践です。飼育環境の悪さが原因で元気がないカナヘビへの処方箋を、"トカゲと話ができる"と語る保育者の言葉を信じながら考えていく子どもたちの姿が、次のように記されています。

保育者「昨日、みんなで大きなお家にしたじゃんね。だけど、昨日みんながお家に帰ったあと、また、こっぷちゃんがしゃべってたんだよ。ちょっと違う、ちょっと違うって言ってたんだよ」
ながき「中ぐらいの、こっちのほうがよかったのかな」
ゆな　「そうじゃないよ」
ひかり「お布団みたいなのを置けばいいじゃん」
かいり「あのさ、暑くてさ、苦しいんじゃないの？」
みなみ「違うよ〜」
ひかり「あがりたい！　って言ってる！」
保育者「さっき、みなみちゃんが木を入れるのは？　って言ってたね」
かいり「じゃあ、階段……」
かなで「いい！　いい！　階段!!」
ながき「これ、読んでみよう」（みんなで図鑑を見はじめましたが、トカゲの飼育方法はのっていません）

きれいな「お家」に入れてもらったものの、元気のないこっぷちゃん。

ながき「スズムシさんのお家なら……」
保育者「いろいろ、入ってるね……」
かなで「だから、足りない足りないって」
みなみ「葉っぱとか、木とか……」
保育者「そうだね〜。葉っぱと、木と、土が入ってるみたい」
かなで「わかった！　かなでわかった！　遊ぶものがなくて嫌なんだよ。バッタ‼　い〜っぱい集めてきて入れる。おふとん探してるんだよ」
みなみ「パパがね〜、木に登るんだよ〜って言ってた」
かなで「こういう木を……こういう木……」（ジェスチャーで伝えようとするのですが、うまく伝わらない）
保育者「じゃあ、木を探しに行く？」
ゆな　「土は？」
保育者「いい考え‼」
ひかり「土入れよう！　土‼」

こうして、ついにお家に土と木が入りました。このあとさらに、「寝るお部屋」用の石や、体を冷やすためのプールも用意した子どもたち。自分たちの経験を手がかりにしつつ、自分たちとは違う生き物であるこっぷちゃんに寄り添って考えはじめるようになりました。

❾ 阿形佳苗（静岡・平島幼稚園）「こっぷちゃんと遊んだ夏」河崎道夫『ごっこあそび』（ひとなる書房、2015年）より抜粋・編集。

この実践のおもしろさは、「こっぷちゃんと話ができる」という保育者の話を信じ、それを起点に現実の飼育活動が展開されている点にあります。4歳児には、現実世界で経験することも、想像世界で経験することも、同じくらいリアルな経験として存在するのです。そして現実世界と想像世界との間を、心理的に融合した状態で活動する子どもたちを手助けしていくことが、4歳児クラスの保育者には求められるのです。

とくに現実の世界の「モノ」や「こと」や「ひと」の性質や関係に興味を持ちはじめる4歳児は、想像上の出来事についても、なぜそうなったのか、次はどうなるのかと、自分が納得できる理屈でつなげ、より詳細にイメージをつくっていこうとします。我を忘れてファンタジーの世界の中にのめり込んでいく一方で、みんなで「事実」を確かめ、思考をめぐらせ、仮説を立てて検証していくことも楽しい4歳児なのです。

土や木が入り、ずいぶん住み心地よくなりました。

第I部●4歳児の発達と保育の課題

第2章

思考する4歳児の育ちを豊かに広げる保育とは

――4歳児に保障したい3つの生活・活動

4歳児の世界を開き「思考する主体」としての育ちを広げる3つの生活・活動
❶ 多様で手ごたえのある世界と出会う
❷ 子どもたちの小さな疑問から小さなプロジェクトを立ち上げる
❸ 仲間とともに想像の世界を広げ、クラスの物語をつくっていく

　「思考の主体」として歩きはじめる4歳の子どもたちですが、もちろんそうした4歳の育ちは、自然にもたらされるものではありません。揺れる子どもの心に寄り添いながら、子どもの世界を広げ、つなげていく「子どもとつくる4歳児保育」が、「思考する主体」として生きる4歳児の育ちを保障していくのです。

　さて、それではそんな4歳児たちに、私たちはどんな生活や活動を保障していけばいいのでしょうか。そのポイントは、4歳の子どもたちを「思考する主体」として尊重しながら、子どもたちの中に広がる「論理の世界」「仲間の世界」「想像と現実の世界」を保障していくことにあります。そしてそのためにも、以下に示す3種類の生活・活動を子どもといっしょにつくりだしていくことが重要になります。

　1つめは、**多様で手ごたえのある世界との出会いに満ちた生活・活動**です。4歳児の保育の基底部分に位置する活動ですが、子どもたちが「おもしろさ」と出会い、「喜び」と「希望」を生み出す起点となる生活を豊かに保障することが、4歳児保育にとっては決定的に重要な意味を持ちます。そしてその際、4歳児にとって「多様で手ごたえのある世界」を、次の2つの

要素を持った生活として理解しておくことが重要です。

❶ **不思議心とおもしろさが広がるリアルな体験**
❷ **豊かな文化に心躍らせる体験**

　２つめは、**子どもたちの小さな疑問から立ち上がる小さなプロジェクトを、子どもと保育者との協同でつくりだしていく活動**です。多様で手ごたえのある世界と出会い、「思考する主体」として活動する子どもたちの生活を、さらに発展させるのがプロジェクト活動ですが、４歳児保育においては、子どもの不思議心や願い、日々の生活の中から生まれたなにげない小さな疑問を起点に、「小さなプロジェクト」を立ち上げていくことがその第一歩となります。

　そして３つめは、**仲間とともに想像の世界を広げ、クラスの物語をつくっていく活動**です。絵本や物語の世界に感情移入し、想像の翼をはばたかせていく４歳児たちには、仲間同士で、想像の世界を共有し、ともに心を動かす体験が、とりわけ重要な意味を持ちます。仲間との生活を通して、確かな自分を育てていったそれまでの活動から、仲間とともに協同的な活動をつくりだす５歳児の生活へと移行する４歳児期に、「物語」で心がつながる仲間との活動を経験しておくことが、心の発達にとって大きな意味をもつのです。

「トカゲ」（実際にはカナヘビ）の「こっぷちゃん」のエサを探しに雨ふりの今日も外へ（静岡・平島幼稚園）。

1 多様で手ごたえのある世界と出会う

「思考する主体」として育っていく４歳児に保障したい１つめの生活・活動が、「多様で手ごたえのある世界との出会い」です。

自らの五感と思考力を駆使して世界を意味づけていく４歳の子どもたちにとって、自分のまわりにどんな世界が広がっているかは、決定的に重要なことです。不思議心をかき立てられたり、ワクワクドキドキ心を揺さぶられるような人やモノとの豊かな出会いを経験したりすることが、思考をめぐらせ、さらに世界を広げていく出発点となるからです。

不思議心とおもしろさが広がるリアルな体験

「思考する主体」として活動する４歳児に保障したい生活は、なんといっても不思議心をくすぐる自然とのかかわりです。園での小動物の飼育や、菜園での栽培はもちろんですが、自然の中に出かけていくと、そこには四季の変化を感じさせる、さまざまな物語が待っているのです。

変化する自然の中に「論理」を見つけ、成長する植物に「生命」を感じ、そこで出会う小さな生命の営みの「不思議さ」に心揺さぶられながら、「思考する主体」として活動する４歳児の興味・関心をかきたてるしかけが、そこにはたっぷりあるのです。

もちろん、子どもたちが出会うのは自然だけではありません。散歩先で家を作っている大工さんに出会い、野菜を売る八百屋さんに出会うことで、社会を構成する人間の営みに子どもたちの心は引き寄せられます。そしてそこにも子どもたちの不思議心を刺激する、たくさんの物語があるのです。

重要な点は、こうした自然や社会の物語と出会う機会を意識的につくりだし、リアルな体験を子どもたちに保障していくことにあります。

今の子どもたちは、生まれたときから「視聴覚メディア」とつきあい続けています。内閣府の調査によると、高校生の95％、小学生の46％が携帯電話を持ち、そのうちスマートフォンを持っている子どもは高校生で９割以

上、小学生で3割以上です。アプリにはすでに子ども向けのものも多く、ファミリーレストランや電車の中でまわりを見まわすと、スマートフォンやタブレットを長時間乳幼児に触らせている親も少なくありません。

　ここでいう「視聴覚メディア」は、五感の中でも、視覚・聴覚に深く関わるものですが、この「視聴覚メディア」と乳幼児期の育ちとの関連について発達心理学者の河﨑道夫さんは、次のように警鐘を鳴らしています。

　たとえば、園庭のしげみの中で小さな虫を見つけて追いかけようとする子どもは、「多様で多面的な身体的行為で働きかける」でしょう。それに対する虫の反応もさまざまですから、その反応に応じて次に働きかける子どもの行為も千差万別のはずです。そこでは、子どもは「虫」を全身で受け止め、全身で格闘しようとします。

　それに対して「視聴覚メディア」の場合は、画面の枠内で変化する画像を指先でタッチして操作しますが、体や指先の動きはわずかであり、考えながら動かしているとはいっても、「視覚的聴覚的な刺激に対する感覚との統合過程のみで想像はくり返され」ます。しかも、それは「同じ機器、同じプログラムによって」、「全国的で大量の画一的過程」を経て産出されたものです。

　つまり、日常的に屋外に出かけていき、泥や木や虫などとかかわることが保障されるなど、「子どもが対象世界に自由に開かれていて、そこで、生活とあそびが、あるいは、保育が営まれるならば、知識も技術も想像性もみなその子らしさの血肉となっていく」はずですが、スマホやパソコンといった区切られた「舞台」を与え続けられて、それを「鑑賞」する経験しか積み重ねることができなかった場合には、失う育ちは大きいのではないかというのです。

　とりわけ自らの手で世界をとらえ直していく4歳の子どもたちにとっては、手触り・暑さ・寒さ・においを全身で味わえるような自然の中でのあそびや、常に共感と驚きを喚起させてくれる生き物たちとのかかわりは、人工物を操作するのとは比較にならないほど、多様に心揺さぶる経験となるでしょう。

　視覚や聴覚に偏りがちなさまざまな「視聴覚メディア」が、おとなと子どもの境界をこえてあふれている現代社会において、屋外への散歩やあそびを日常保育の中に位置づけることができる集団保育の場は貴重です。一

[10] 平成27年度版『子供・若者白書』2015年。

[11] 河﨑道夫『ごっこあそび』ひとなる書房、2015年、154～157頁。

回性や具体性、未知の変化の可能性を含みこんだ現実世界や生身の他者との出会いを積極的に提供したいと思います。

豊かな文化に心踊らせる体験

　自然とかかわる経験とともに、4歳の子どもたちに保障したい「多様で手ごたえのある世界」は、豊かな「文化」との出会いです。

　心を躍らせるような「文化」(culture)を媒介にした活動を通して、子どもたちは心を耕し(cultivate)、協同で学び、喜びと価値をつくりだしていきます。「文化」とは、人間が、想像力や構想力を駆使してつくりだしてきたすべてのものを指します。それは、物語や芸術だけでなく、自然科学も例外ではありません。一般的に「自然科学が人間の自由な想像力とは無縁であるという誤解」がまだまだ存在しています。しかしじつは、自然科学の探究者も、さまざまに思いめぐらし仮説を立て、まちがった仮説を修正し、さらに新たな仮説を立てて前進しているのです。自然科学を発展させた人々は、「多くの想像力を持っていたために多くの誤りを犯した人々」ともいえます。

❷ 遠山啓『文化としての数学』大月書店、1973年、5～10頁。

　4歳児がこうした「文化」にふれる時には、だからこそ、誤りを犯すことを恐れないということも必要です。別の言葉でいえば、「試行錯誤」ということでしょう。たとえば、第Ⅱ部には、カボチャの種を数えようとして、悪戦苦闘する4歳児が登場します。子どもたちは、ここで「数」というものに出会います。目の前の「種」に関心を持って見ようとしていなければ、「種」はそこにただ存在するモノでしかありませんが、「数を数える」という「探究」の対象になってくると、「種」とのかかわりは、「文化」と出会い、つくりだす活動となります。

　もちろん、そうやって子どもたちが出会う「文化」は、"子ども向け"にアレンジされた「絵本」や「紙芝居」や「うた」に限定されるものではありません。多様で豊かな「音楽」「文学」「芸術」とのかかわりを保障していくことが、子どもたちの世界を広げます。

　たとえば次の記録は、第Ⅱ部に登場する羽田さんの園に荒馬座がやってきた日の4歳児クラスの様子です。

一番は"しし舞"。一応説明はしていましたが、涙、涙の女の子たち。でも、その後すぐ荒馬がはじまりニコニコ、笑顔に戻った女の子たちでした。

　エイサーや太鼓など、いろいろな音楽にふれ、大満足の子どもたち。はるよちゃん、ひめちゃんは思わずかけ声をかけていたり、くみちゃん、すずちゃんも思わず手拍子をしたり、体で楽しんでいました。太鼓の音では「おなかにひびく〜」とひかりちゃん。やっぱり体全体で音を感じていました。みんな食い入るように見ていたのがとっても印象的でした。どの子も大満足の笑顔でした。音を全身で感じた充実感いっぱいの子どもたちでした。⑬

　本物の「文化」に出会うことで、子どもは、それを全身で受け止め、感性を豊かにしていきます。そうした体験の積み重ねが、共通のイメージをふくらませ、その後の子どもたちの協同的体験をも豊かにしていきます。

　松居直さんは、「よいものとは、真なるもの、信なるもの、確かな手ごたえのあるもの、心を動かすもの、見れば見るほど感じ入るもの、繰り返し見て見あきないもの、品格のあるもの、自分の世界が開けるように感じるもの」、そして、「鋭く物事の本質をつかむ心のあらわれとされる第六感に働きかけてくるもの」と述べています。⑭ さらに、よい絵本とは、「子どもと心がかよいあい、子どもの信頼と共感を得る」ものではないかと語っています。

　つまり、本物の「文化」とは、こうした「よいもの」なのです。4歳児には、こうした心と心が通い合うような体験が、「ひと」との直接的なかかわり合いだけでなく、「文化」との間にも必要です。

　こうして子どもの心と体を揺さぶる「自然」と「文化」との出会いを保障することで、4歳児の生活は、不思議さとおもしろさに満ちた、ドキドキするような「物語」へと発展していくのです。

---

⑬ 羽田久美子（東京・柚木武蔵野幼稚園）4歳児クラスだより「たのしいな、うれしいな」（2007年9月）より抜粋、子どもの名前は変更。

⑭ 松居直『わたしの絵本論』国土社、1981年、42頁。

column 絵本を通して知る「いろいろな気持ち」　　磯崎園子　絵本ナビ編集長

　毎日いっしょに遊んで、いっしょに食べて、いっしょに寝て……。保育園での子どもたち同士の関係は、家族の次に濃密。何度も耳にする「ともだち」っていう言葉の意味を自分なりにとらえはじめる子どもたちは、いったいどんなことを感じながら毎日を過ごしているのでしょう。いっしょにいると、なんだかうれしい。これって、なんの気持ちだろう？　なんでうれしくて楽しいのかな？　あの子は、どうしてあんな意地悪を言うんだろう？　どうしてこんなに悲しい気持ちになるの？　言葉にできない気持ちを持てあましている子どもたちがたくさんいるはずですよね。絵本の中でも、かわいくて切実な、さまざまなな関係がたくさん描かれています。

❶ 西村書店、2015年

❶『ともだちになろう』M・ファン・ハウト 作、ほんまちひろ 訳
　思いっきり笑ったり、怒ったり、泣いたり、取っ組み合いのケンカをしたり。かいじゅうが2人でいろんな表情を見せています。何をしているのかな？　そう、彼らは遊んでいるのです。うまく仲直りするには？　自分の気持ちをどうやって伝えるの？　気持ちを素直に伝えられるよう、子どもたちを応援してくれる絵本です。

❷ 福音館書店、1991年

❷『コッコさんのともだち』片山健 作・絵
　コッコさんは一人ぼっち。なかなかみんなと遊べません。でも、一人ぼっちの子がもう一人いるみたい……。コッコさんみたいな引っ込み思案の子、みなさんのまわりにもいませんか？　どうやったらみんなと遊べるようになるのかな。この絵本を読んでもらえば、「この子、私に似てる」ってちょっぴり気持ちが軽くなるはず。

❸ ポプラ社、2001年

❸『けんかのきもち』柴田愛子 文、伊藤秀男 絵
　おむかえに行って保育園の様子をのぞいた時、男の子のはげしいケンカの様子に驚かされたことが何度もあります。気持ちをむき出しにして暴れる子、素直に謝ることができない子。どんな気持ちでいるのか、わかってあげなきゃいけないのはおとなのほう。仲直りの方法は一通りではありません。男の子を知りたいと思っているママたちにもおススメの絵本です。

❹ ひさかたチャイルド、1981年

❹『どうぞのいす』香山美子 作、柿本幸造 絵
　うさぎさんが作った小さないす。「どうぞのいす」という立て札とともに木の下に置いておくと……。やってきた動物たちみんながいい気持ちになっていくのは、みんながやさしい心を少しずつおすそわけしているから。「思いやり」ってどんなことなのか、とってもわかりやすく伝わる絵本です。

❺ 福音館書店、1977年

❺『たろうのともだち』むらやまけいこ 作、堀内誠一 絵
　「ひとりぼっちじゃつまんないなぁ」。だれかといっしょに遊びたいって思うのは、こんな時。だけど、小さなこおろぎが声をかけたひよこは、何やら機嫌が悪いようで、こんなことを言うのです。「けらいになれ！」。けらいと友だちって同じ？　ちがう？　この絵本はお話を通して友だちの作り方をスッキリと教えてくれます。「あいさつをしてみる」「いやなことははっきり言う」「小さな者、弱い者にいばらない」。なるほど、なんだか本当に友だちが作れそうな気がしてきます。

　いろいろな子の気持ちを知ること、そして自分の気持ちを知ることは、とても大事で避けては通れないことです。子どもにかぎらずおとなだっていっしょですよね。絵本を通して少しずつ気持ちを整理していく。そんな作業が、子どもたち自身をきっと助けてくれるはずです。

❷ 子どもたちの小さな疑問から小さなプロジェクトを立ち上げる

　4歳児の保育で保障したい2つめの活動が、「子どもの声を起点に立ち上がるプロジェクト」です。

　子どもたちが、仲間といっしょに価値や意味をつくりだしていくプロジェクト活動（協同的活動）❶は、「思考する主体」として歩きはじめる4歳児の活動を特徴づける、大切な活動です。ただし、4歳児のプロジェクトは、はじめからクラス全体が組織的に取り組む、大がかりなものを目指す必要はありません。子どもの中に生じる小さな疑問や声を起点に立ち上がり、子どもの思いをつなげていく小さなプロジェクトの中に、思考しながら協同する、4歳児らしい育ちがつくられていくのです。

　たとえば次に紹介するのは、毎年恒例の「お月見」の飾りつけが、子どもたちとの話し合いの過程で、思わぬ形に発展していった実践の一部です。

本当に知ってるの？──揺さぶりをかける保育者

　「お月見」なので子どもたちと何を飾るか話をした。

　　子どもたち「おだんご作って飾る」
　　保育者「あとはない？」
　　ひろと「すすき。すすきがあるよ！」
　　保育者「すすきってなーに？　どこに売っているの？」
　　子どもたち「……」
　　保育者「食べ物なのかな？」
　　としき「ぼく食べたことがある！」（真剣な表情で話す）
　　保育者「そうなんだ。私はないけどどんな味だった？」
　　としき「すすき味」
　　保育者「甘いの？　しょっぱいの？　からいの？」
　　としき「甘いんだよ！」

❶ 協同性と共同性について、岩田純一さんは以下のように述べています。「協同する活動は、〈われわれ〉という共同性の意識を基盤にして可能になってくる。友だちと共通の目的を見いだし、その実現に向かってみんなで工夫する、協力するといった協同（協働）は、〈われわれ〉意識を伴う共同性の育ちの中でこそ可能となるからである。……協同性の育ちは、他方ではけっして個がコマとしてその共同性のなかに埋没していくことではない。協同する共同性とは、そのなかで一人一人の子どもが自分らしさや個性を発揮し、それぞれの自己（個）が育っていく場、互恵的に育ち合う場ともならねばならない」（『子どもの発達の理解から保育へ』ミネルヴァ書房、2011年、31頁）。協同的活動とは、共同性の意識を基盤にしながらも個の興味から出発し、一人ひとりの興味や事情を生かしたやり方で進められる子どもにとっての必然性と達成感の感じられる目標を持った活動と言えるでしょう。

なおや「お月さまって甘い物がすきなんだね〜。だっておだんごも甘いもん」
保育者「すすきについて調べてきてよ。食べ物だったらどこで買うのかわからないとだめだよね〜」[16]

[16] 以下、藤田朋子（東京・あけぼの保育園）実践記録より。子どもの名前は変更。

　日々、さまざまな知識を身につけ、賢くなっていく4歳の子どもたちは、いろいろなことがわかっているようでわかっていないことがあります。このときも、ほとんどの子どもたちは半信半疑の表情だったため、「すすき」とは何かがわかっていないのではないかと感じた保育者は、「どこに売っているの？」と重ねて問いかけています。ますますイメージが揺らぐ子どもたち。家に帰って、家族からいろいろと知識を仕入れてきます。それを次の日の集まりで、一人ずつ順番に話していきます。

れお　「すすきは、お花やさんにある。山にもある」
かの　「スーパーに売っているって」
かえで「すすきは、土の中で生えているもの。食べ物じゃない」
みずき「すすきは食べ物じゃないよ。はっぱです」（すすきの写真を持ってきてみんなに見せてくれる）
保育者「すすきは食べ物ではなく外や山に生えているものだったね」
れお　「山はないから……じゃ〜だんごの粉を買うからスーパーに行く。売っているか見てこようよ」
他の子「いいね〜」
つよし「花屋にも行ったほうがいいよ」
他の子「そうだね」（行ってみよう！　行ってみよう！　と盛り上がる）

みんなで出かけて確かめてこよう

　「スーパー」といってもどのお店なのか、お店の中のどのあたりに売っているのかなどと保育者がさらに細かく聞いていくと、さすがに、そこまでは調べてこなかったようです。ならばと、みんなで出かけて確かめにいくことにしました。

　本当にすすきが売っているのか、みずきくんが持ってきたすすきの写真を持っ

て花屋、スーパーの順番に行くことになり出かけた。

　見つけると、「あった！　写真と同じだね～」「本当にあったね～」と感動する子どもたち。調べてきた子は、「言った通りでしょ！」と言わんばかりに胸を張っている。すすきは花屋さんで買い、自分たちが作ったおだんごといっしょに飾った。れおくんは、「すすきがわかってよかった」とつぶやいていた。

恒例の伝統行事が手ごたえのある取り組みに

　こうして、季節の恒例行事が、急遽、子どもが参画する「お月見」プロジェクトになりました。

　園では伝統行事を大切にしており、子どもたちも３歳までくり返し見ていたはずだが、その経験が記憶に刻まれていないことに気づかされた。家庭の協力もあり、調べてきたことをみんなの前で発表すると「～ちゃんってすごい」と言われることもあり、その子の自信になっているように思える。何かあると「ぼく（わたし）調べてくる」と言い、積極的になってきている。そのせいか、子どもたちはいろんなことがわかってくるのが楽しくなっているようだ。行事や時間に追われる保育ではなく、こういうことには時間も手間もかけることが大事だと思う。

　調べるって楽しい。わかるって楽しい。自分たちで考え、自分たちで確かめ、大満足の子どもたち。もしおとなだけで用意してしまえば、おとながすぐに答えを教えていれば、生まれなかった揺らぎと感動。「子どもとつくる保育」は、「すすきって何？」などというような、ささやかな疑問から、立ち上がっていくのです。

3 仲間とともに想像の世界を広げ、クラスの物語をつくっていく

4歳児に広がる想像世界と仲間関係

　4歳児の保育で大切にしたい3つめの生活・活動が、クラスの中に「想像する世界でつながり合う仲間関係」をつくりだしていくことです。見えない世界を想像し、未知の世界と対話しながら生きていく力が飛躍的に育っていく4歳児は、「想像する世界」をつなげながら、不思議な世界をつくりだす時期でもあります。

　目に見えない世界がクラスの中に広がり、仲間とともに想像の世界を広げ、クラスの物語をつくっていく過程は、仲間と生きる4歳児の育ちに大きな力を与えます。想像の翼を広げながらクラスがつながっていく、そんな4歳児の保育実践がもつ意味を、「忍者」の世界を生きた4歳児クラスの実践から考えてみることにします。

　年度当初、気に入らないことがあると暴れたり心ない言葉を投げつけたりと荒れた姿を見せるふじ組の子どもたち。保育者は、ファンタジーの世界を楽しむ経験を通して、みんながつながり、自分を安心して表現できるようになれないかと考えます。そして、修行を通して並外れた身体能力を身につけた「忍者」なら、「強い、速い、一番などに魅力を感じる気持ち」が強いパワーあふれるこの子どもたちはきっと興味を持ち、あこがれるのではないかとひらめいた保育者。絵本『にんじゃごっこ』を読み聞かせたあとで、忍者のことを切り出します。

『にんじゃごっこ』
梅田俊作・梅田佳子 作
橋本とき子 原案
岩崎書店、2001年
（品切れ）

　「山科のどっかの神社に忍者が修行してるって聞いたことがあったなあ……。（中略）忍者は忍びのものと言ってみんなには見えないように暮らしているけれどみんなのことはどこからか見ているらしい」と言ってみました。子どもたちは、さっそく忍者ごっこのストーリーを思い出し、泥だんごをたくさん作ったら忍者さんに会えるかもしれんし作りたい！　という反応があり、会ってみたい気持ちが出はじめました。⓱

⓱ 吉村千歳・佐下橋康子（京都・西野山保育園）「忍者修業」京都保育問題研究会『保育びと』第22号、2015年、95～111頁より抜粋・編集、子どもの名前は変更。

子どもたちの反応は上々。ここからふじ組の忍者探しがはじまります。

物語をつくる主人公は子どもたち

ここで注目したいのは、はじめに「忍者」を切り出したのは保育者だったものの、その後は一気にひっぱることなく、子どもたちの中にどんなイメージが広がっているのかを、子どもたちの言葉からていねいに引き出そうとしているところです。

　保育者「忍者に会うために何がしたい？」
　子ども「みんなで探しに行きたい」
　保育者「どこにいはると思う？」
　子ども「山のひろ〜いところにいるかもしれん」
　子ども「神社にいるってお兄ちゃんがいうたはった」
　　　　　（中略）
　保育者「山にいるって言うてくれたけど山で何してはるんやろ？」
　子ども「修行したはるんや！」
　子ども「走る練習してはる」

そして最後に、「じゃ忍者ってどこにいるんやろう？」と問いかけると、子どもたちは「京都の神社」派と「山科神社」派とにわかれます。そこで両方の意見を総合して、「京都」の「山」にある「山科神社」に探しに行くことに。

早速出発し、15分ほどで鳥居を見上げる坂の下に到着。いつも散歩で来ているところなのに、今日はなんだか違う雰囲気を感じるのか、言葉少なな子どもたちです。さらに進むと、コンクリートにあやしい傷跡がついているのを発見。かんたくん「これ、忍者の手裏剣でしゅって傷がついたんやー」、けんじくん「ほんまや」と言うので集まると、「ここもや」とさとるくんも地面を指差します。何を見ても忍者と結びつけて考える子どもたち。すっかり探険のスイッチが入っているようです。一人ひとりのイメージを引き出し、他の子どもたちへつなげていく役割を果たしたのは保育者ですが、イメージをふくらませ、想像力を働かせて「このクラス」の物語

コンクリートに
手裏剣の傷発見！

をつくっていく主人公はあくまでも子どもたちなのです。

「相手」をわかればこわくない

　こうして忍者に会いたくて散歩に出かけては、いろいろなものを発見して帰ってくる子どもたちですが、中には、見たことのない世界にしり込みし、こわがる子どももいます。
　「忍者が手裏剣投げるのがこわい」というあんなちゃん。そこで「おとな(保育者)な、忍者のお勉強してるねん」と忍者情報を書いた画用紙を貼りだしながら、(子どもたちに聞こえるように)「仲間と守るために手裏剣投げる練習してはるんやって！」「あ〜！　それが修行ってやつか〜！」と保育者同士で話していると……

よく見ると、灯籠にも
手裏剣マークが！

　　子ども「練習しな失敗するもん！」
　　保育者「見て！　隠れる術もあるんやって」(まねしてみせる)
　　子ども「ほんまや！　石みたいに見える！」
　　子ども「朝はなにしてはるのかな？」
　　子ども「人に化けてるんや」
　　子ども「隠れて修行してはるんや」

　画用紙を見ながら、子どもたちの想像が次々わき起こり、盛り上がります。そのうち、あんなちゃんからも質問がでました。

　　あんな「なんで手裏剣持ってるんですか？」
　　おとは「仲間を助けて守るためやで」
　　あんな「なんでいろいろな手裏剣があるの？」
　　きいちろう「時計みたいな形のやつは２つに分かれるんやで」
　　保育者「形によって使い方が違うってことを言うたはるんかなぁ？」

　そして、「はい‼」と手を挙げたけいしくん。「けいしはこの前映画村で忍者の修行をしてきました‼　烈！　在！　前！」とポーズをかっこよく決める。さっそくみんなで、まねをすると、その中で楽しそうなあんなちゃん。(中略)「あん

なちゃんもみんなも修行して忍者の仲間になったらこわくないんじゃない？」と言うと「ほんまや〜‼」と大盛り上がり。

「忍者がこわい」というあんなちゃんの言葉からはじまった話し合いですが、次第に忍者の修行の話に花が咲いて、子どもたちは忍者の世界にはまっていきます。あんなちゃんの中でも、なんとなくこわいというイメージでとらえていた「忍者」が、友だちと考え合う中で、興味・関心の対象となっていきます。「こわい、でも会いたい」と揺れている子どもに、「こわくないよ」と寄り添うよりは、どんな存在なのかをきちんと明らかにして、そのおもしろさや楽しさを共有し合っていくほうが効果的だったようです。4歳児では、「知る」「推測する」「考える」という活動が、揺れを乗り越えて保育の楽しさをつくりだすキーワードになるのです。

忍者の仲間になりたい

散歩先での忍者探険と平行して、忍者の仲間になるために、自分たちも忍者修行をはじめることにした子どもたち。

まず最初にやってみたのがうずら隠れの術。（中略）「うずら隠れ‼」と叫べばサッと小さくなる子どもたち。十秒なんて簡単簡単とまったく動かない子どもたち。（中略）
背をかがめて部屋から出ると早速離乳食を運ぶ保育者発見‼　担任の「うずら隠れ」の合図でピタ‼「あれ⁉　なんか今音がした気がするのに誰もいない……。なんでやろ？」と通り過ぎる。（中略）必死の表情でカウンター前を過ぎ去る子どもたち。
そして最大の難所。事務所。真正面から突入したうえで「うずら隠れ！」。でも……園長先生にも気づかれなかった‼（中略）部屋に戻ると緊張が一気に解け「ヤッター！」と大喜びでした。

自信をつけた子どもたちは、続けて「抜き足差し足忍び足」「きつね走り」「犬走り」と、園内中のおとなたちに見守られながら、数々の修行を積んでいきます。

「うずら隠れ」の術で、栄養士さんにも気づかれずに通過！

忍者の世界に入るとギュッと一つに

「夕方探険」（4歳児クラスが夜8時まで楽しいことをして遊ぶ行事）を控えた夏のある日。毎年それぞれにどう過ごすか事前に計画を立ててのぞみますが、今年は子どもたちと相談し、「忍者探険」することになりました。

いよいよとなると楽しみ半分不安半分……といった感じ。（中略）「どうしたら勇気がでそうか？　こわくないか？」を一人ひとりに聞きました。すると答えは「○○ちゃんに手をつないでほしい」「○○くんが手をつないでくれたら大丈夫」とそれぞれ支えてほしい人を指名してがんばれることを言ってくれました。全員担任ではなくふじ組の友だちを指名。そして指名された子は頼られたことにデレデレ〜と笑ってなんともいえない表情でした。（中略）そしていよいよ山科神社へ。給食さんからは勇気の出る忍者食「きなこあめ」をもらい出発。（中略）ドキドキする友だちは真ん中にして5人で手をつないで山の上まで上がり、忍者さんが置いてくれたびゅんびゅんゴマのプレゼントをもらってきた子どもたち。何度も山にいるであろう忍者さんに向かって「ありがと〜！」と叫んでいました。

ふじ組の仲間で手をつないでいけば、勇気百倍！

見通しをもって生活することや友だちと協力するという面では苦手な姿もあったふじ組の子どもたちです。でも、「いざ忍者の世界に入ると、ギュッと一つに集まれる集団に変わり、修行になると、抑制の力を存分に発揮する」ことができるようになったと保育者は言います。

子どもたち自身が主人公になって想像力を働かせ、互いのイメージをつなげて、クラスみんなの物語をつくっていく。幼児保育の中で実践され、その意味について研究的に語られてきたこのような「探険あそび」や「ほんと？あそび」「ファンタジーあそび」を本格的に楽しめるようになるのも4歳児たちからです。頭の中に描いた想像世界と現実世界とをつなげながら、思考し合う不思議な時間をくぐった子どもたちは、ワクワクドキドキ心を揺らしながら、互いの弱さもかっこよさも認め合う、すてきな仲間へと育っていくのです。

解説　4歳児クラスは「探険あそび」がおもしろい！

　「探険あそび」の名づけ親である河崎道夫さんによれば、「探険あそび」には、2つのタイプがあります。1つは、おとなのヨットあそびや子どもたちの「洞窟探険」のように、「自分たちの知識や身体的技能の限界を乗り越えて未挑戦の場所に踏み込んでみよう」とするいわば「冒険あそび」のようなもの。もう1つは、多くは保育現場でくり広げられている「目に見える世界の陰に隠れている何かを想像し、それを対象とする探険のあそび」（河崎、1994）です。

　このうち後者の「探険あそび」に注目が集まるきっかけとなったのは、『エルマーになった子どもたち』と『ボクらはへなそうる探険隊』の2つの実践でした。いずれも、保育者に読んでもらったお話（前者は『エルマーのぼうけん』R・S・ガネット作、後者は『もりのへなそうる』わたなべしげお作、いずれも福音館書店）に登場する「りゅう」がじつは園の近くにいるらしいという「情報」に子どもたちの心が揺さぶられるところからはじまります。そして、その真偽を確かめるために議論と準備を重ね、探険に出かけます。数々のそれらしい「形跡」に、確信を深めた子どもたちは、その後も手紙のやりとりをしたり、劇にしたりして盛り上がります。両実践は、地域も展開のしかたも異なりますが、「森」を舞台にしている点は共通しています。そうした本物の自然の中で、子どもたちの想像力はより一層喚起され、ともに探険を重ねていくにしたがい、子どもたちの協同性も育まれていきました。

　同じくあそびを研究する加用文男さんは、こうした「探険あそび」を、「"ええ？ほんと？"と迫真性を持って迫ってくる想像に導かれて、真実解明のための探検が始まるタイプのあそび」（加用、2006）と位置づけ、そこでは「子どもたちの集団性や積極性」が組織されやすいとしています。そして、そんな「ほんと？あそび」の例として、黙々と園庭の隅を掘り続ける男の子たちを紹介しています（加用、1990）。科学絵本『ほね』（福音館書店）を読んで、自分たちも「恐竜の骨」探しをはじめ、ついには園庭に本を持ち出して「地層の断面図が載った頁を開け」掘る場所を検討したり、「しっぽ発見」の声に「その白い細長いものを懸命に掘り出し」たりする様子は真剣そのものです。魅力的だけど疑わしい事実と出会い、「ほんと？」と調べたり考えたり掘ったりしながら、好奇心や探究心を思う存分発揮しています。「うそっこ気分」がまじる「ごっこあそび」とは一味違うのです。

　上記の実践はいずれも5歳児クラスのものですが、4歳児クラスも「探険あそび」や「ほんと？あそび」を楽しむ絶好の時期です。未知のものをわかろうとする力、疑いながら確かめようとする力が芽生えはじめる4歳児クラスの子どもたちは、「恐竜がいた」「忍者がいた」という言葉に好奇心をくすぐられつつも、それが「事実」かどうか、自分たちで確かめてみたくなるからです。この情熱が「探険」への原動力となるでしょう。保育者も「遊び心」を全開にして、子どものつぶやきに耳を傾け、クラスで共有したり、疑問を投げかけたり、子どもたちを屋外の自然に引き出す「しかけ」をしたり、子どもたちの奇想天外な「推理」につきあったりして、一人ひとりの想像力や探究心、クラスの連帯感を育てていきたいものです。

・河崎道夫『あそびのひみつ』ひとなる書房、1994年、106～125頁。
・岩附啓子・河崎道夫『エルマーになった子どもたち』ひとなる書房、1987年。
・斎藤桂子・河崎道夫『ボクらはへなそうる探険隊』ひとなる書房、1991年。
・加用文男『子ども心と秋の空』ひとなる書房、1990年、235～237頁。
・加用文男「探検あそび」保育小辞典編集委員会編『保育小辞典』大月書店、2006年、209頁。

第3章
たっぷり揺れて仲間と育つ保育をどうつくるか
──4歳児保育を支える3つのポイント

「思考する主体」から「参画する主体」への育ちを保障する
4歳児保育をつくっていくための3つのポイント
❶ 子どもが自分で考え、自分で決める権利を保育の基本にすえる
❷ 多様性を認め合う、対等で安心できる仲間関係を築き上げていく
　・対等で安心できる仲間関係をつくる
　・多様な価値観を提示する
❸ 「揺れ」と「葛藤」を生きる子どもに寄り添う

「思考する主体」から「参画する主体」へ

　自ら世界を意味づけ、喜びと希望をふくらませていく4歳児ですが、その道のりは平坦なものではありません。認識や思考の深まりにともなう心の揺れや葛藤。こうした姿に、4歳児は、ふり返って考えることができるようになったからこそ、立ち止まったり、屈折したりするのだとし、4歳児保育の実践者を励まし続けた研究者の一人が神田英雄さんでした。4歳ごろに芽生える「ふり返って点検する力」を大事にして、「甘えつつ自立する」プロセスを支えることが子どもの豊かな育ちのために重要なのだと教えてくれたのです。[18]

　つまり、大局においては4歳の保育実践を「思考する主体」から「参画する主体」へと移行する大切な時期と位置づけながら、保育の小さな局面においては「揺れ」と「葛藤」を生きる一人ひとりの思いにていねいに寄り添っていくというように、複眼的な視点をもつことが重要になってくる

[18] 神田英雄『3歳から6歳──保育・子育てと発達研究を結ぶ［幼児編］』ひとなる書房、2004年、他。

という、他のどの年齢とも異なる独特の位置づけと配慮が４歳児保育では必要なのです。

そんな４歳児保育を進めるうえでは、たとえば次の３つが大切なポイントとなるでしょう。

１つめは、**子どもが自分で考え、自分で決める権利を保育の基本にすえること**です。「思考する主体」として歩きはじめる４歳児は、自分たちの生活を自分たちでつくりだす、「自治」の入り口に立つ年齢でもあります。考える力が飛躍的に発達する４歳児には、自分で決める権利を、それまで以上に大切にする必要があります。

２つめは、「思考する主体」から「参画する主体」へと移行する時期にふさわしい「仲間づくり」の実践を、子どもの声を聴き取りながらゆるやかに展開していくことです。具体的には、多様な価値観との出会いや異質な他者とのかかわりを積み重ねながら、**多様性を認め合う、対等で安心できる仲間関係を築き上げていくことがポイントになるでしょう。**

ただしその場合、あせりは禁物です。**４歳児が「揺れ」と「葛藤」を生きる時期であることを頭におきながら、揺れる子どもに寄り添ったていねいな実践を展開すること**。これが４歳児の保育をつくりだす３つめのポイントです。

1 子どもが自分で考え、自分で決める権利を保育の基本にすえる

　5歳ほど「派手」ではなく、3歳ほど「波乱万丈」なわけでもない4歳児保育は、どちらかというと園全体の注目度が低かったりするのですが、じつは園全体の保育の質を決定づける、重要な意味を持った一年間に他なりません。それはなんといっても、4歳児保育が、仲間の中で「思考する主体」へと育つことに主眼をおく保育から、仲間との協同的活動に「参画する主体」として力を発揮する5歳児の保育へと移行する、保育実践のターニングポイント（質的転換点）に位置しているからです。[19]

　つまり4歳児保育にはまず、それぞれの子どもを、確実に「思考する主体」へと育てていく責任があるのです。4歳児を担当する保育者は、**一人ひとりの中に広がる「思考する主体」としての生活を、確かな形で支えていく必要**があります。そしてその際、**「保育計画を作る営みに参加・参画する実践」に4歳児たちをチャレンジさせることが重要です**。「子どもの声を起点に立ち上がる小さなプロジェクト」を4歳児保育の柱の一つに位置づけたのもそのためです。そういう意味で4歳児保育は、幼児たちが自覚的にプロジェクト活動をつくりだす起点となる年齢でもあるのです。

　ただし、そんなに意気込んで活動を計画する必要はありません。実践の中で子どもの声をていねいに聴き取り、子どもたちが自分たちで考え、自分たちで決定する実践を意識的に展開していくだけで、保育の質は変わってくるのです。

　こうして子どもたちが自分の声を受け止められ、自分たちで決定する権利を、本シリーズにおいては「子どもが参加・参画する権利」と位置づけていますが、それは国連が1989年に総会で採択し、日本も批准している「子どもの権利条約」[20]の思想を実践することでもあるのです。つまり子どもたちには、「自分の声をていねいに聴き取られる権利」があるとともに、保育の中で「自分の声を正当に評価される権利」があるということなのですが、それは具体的には、「子どもが自分で考え、自分で決める権利」を保育実践の基底部分に位置づけることを意味しています。

[19] 本シリーズでは、5歳児を「参画する主体」として位置づけています。ここでいう「参画」は、企画や計画段階から積極的にかかわる行動を指しています。4歳児では、「参画する主体」を目指しつつ、活動によっては「参加」（その場に加わること）によって楽しみを共有する経験も重要だと考え、本巻では、「参加」と「参画」を併用して使用します。

[20] 田丸敏高さんは、「子どもの権利」として「子どもも人間であるという権利（人権）」「子どもは子どもである権利（子ども権）」「子どもがおとなを乗り越える権利（発達権）」があると整理しています（『子どもの権利としての子どもらしさ』『小学生の生活とこころの発達』福村出版、2009年、220～229頁）。

もっとも、実際にはこうした子どもの「参加・参画する権利」が十分に保障されていなかったり、雑に扱われたりする場面が多く存在しています。
　たとえば、英語が公用語となっている幼稚園に通っている4歳の女の子は、家に帰ってからもお勉強やお稽古事に通う忙しい毎日を送っています。日曜日の夜になると部屋の隅に行って、「明日幼稚園行きたくない」と泣くのですが、親は「この子の将来を考えているのは私よ」と、この子のようやくの抵抗にも耳を貸しません。またある4歳児の保護者は、わが子の園では、体育、絵画、造形、音楽と、登園から降園までやることが決まっていて、自分であそびを選ぶことができないようだと言っていました。
　これまで、自ら世界を広げ、さまざまに揺れながら思考をめぐらせる4歳の子どもたちの姿を紹介してきました。しかし一方では、上記のように、幼いときから自分のしたいことを選んで過ごすことができない状況で生きる子どもたちもいます。自分の頭で考えることが許されなければ、思うまま心を揺らし、葛藤することもできないでしょう。もし、おとなや友だちとの間で目立ったトラブルもなく、内面の葛藤もなさそうに過ごしている子どもがいるとしたら、過度におとなに合わせて「いい子」になっていないか、自分の頭でゆっくりと考えをめぐらせる機会が保障されているだろうかとふり返ってみる必要があるかもしれません。
　子どもたちは、子どもらしくいられることを尊重され、子どもとして守られ、支えられるべき存在です。おとなとして伝えたいこと、育てたいことはたくさんあります。しかしそれは、おとなが、子どもの思考に介入し、子どもになり代わって判断することとは違います。どんなに幼くても、世界とかかわり考える主体、物事を選び決める主体、世界を意味づける主体は、あくまで子ども自身なのです。とりわけ4歳児にとって「揺れる」ということは、そうした主体として育っていく中でとても大事なことなのです。揺れ動く自分を傍らで見守り待ってくれるおとなの存在を感じながら、自分に何かができる実感や自分に対する信頼感や肯定感を培い、自分なりの決定ができるようになっていく時期だからです。
　ですから、おとなには、子どもたちの声を、わかりやすい言葉だけではなく、言葉にならない「声」も含め、聴きとる努力が必要です。そしてそうやって聴きとった子どもの声を起点に保育実践をつくりだしていくことが、4歳児保育の大切なカギとなっていくのです。

column 「リクエスト給食」は民主主義のはじまり　　島本一男・大塚英生　東京・長房西保育園

　3〜5歳の各クラスで、昼食とおやつのメニュー（毎月それぞれ1回分）を話し合って決め、給食室にリクエストしたり、自分たちでクッキングしたりして食べる「リクエスト給食」は、「食べる」ということに対する子どもたちの思いに耳を傾けてみようということからスタートしました。

　子どもの声を聴きながら献立を立てるということは、「子どもたちとつくる生活の場」である保育園としては当たり前のことであるとともに、「子どもの権利」という視点から考えても、とても大切な活動だと思うようになりました。話し合いは、年齢にかかわらず、まずは一人ひとりが意見を出しやすいようにすることが大切です。さらにはそのことをみんなが納得できるように進めていくことが保育者には求められます。それは時間のかかる面倒なことのようにも感じられますが、自分たちの生活について、子どもたち自身が考え、決めていくこうした取り組みは、民主主義を学んでいくことにもつながる大事な機会であることを意識するようになりました。

4歳児クラスの「リクエスト給食」のねらい
- 『食』に対する興味・関心を広げる。
- 頼んだものが提供される喜びを感じ、楽しく食事をする。
- 一人ひとり食べたいもの（意見）が違うことを知る。
- 自分の思いを表現すること、人の考えを聞くことを通して、みんなで話し合うことを楽しむ。
- 給食の先生とのつながりを深め、リクエストする。
- 季節や食材に対する興味・関心を広げる。
- 好きな食べものを増やしたいという気持ちを育てる。

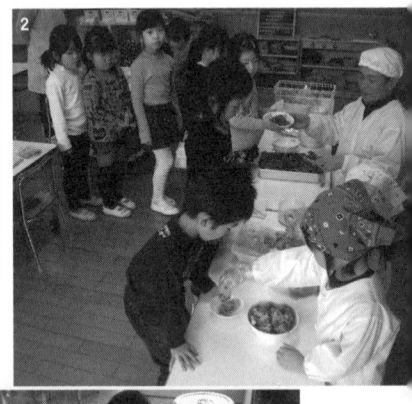

1　絵本やホワイトボードなど、視覚情報も活用しながら話し合いを進める。
2　毎日バイキング？　自分で自分の食べる量を決めること、そして、配膳の時、友だちや保育者とコミュニケーションをとることが求められます。
3　みんなの前であいさつ。決まった言葉にしないで、感じたこと・思っていることを自由に表現してほしいものです。  
4　食事中のなにげないおしゃべり。ここでの安心感を何より大切にしたいものです。

　リクエストをするということは子どもの意見表明であり、おとなはそれを受け止める義務があります。そうすることで子どもたちは友だちの思いもだんだんと受け入れられるようになり、仲間といっしょにいることが心地よくなっていきます。こうなると子どもたちは集団からたくさんのことを学ぶチャンスに恵まれます。

　しかし、話し合いの場面では、うっかりすると保育者が子どもの意見を勝手に交通整理して、子ども同士のやりとりのチャンスを奪ってしまう場合もあります。こうなると、子どもたちの中に話し合いの力がなかなか育たず、ずっと保育者が中心になって話を進めるようになりかねません。それだけに、4歳の時から表現することの喜びと、友だちとのおしゃべりの楽しさを体験しておくことがとっても大切になります。

　話し合いが成立するためには自分の思いと他者の思いに対して折り合いをつける能力が求められます。おとなでも話し合いによる合意形成はかなりむずかしいですから、子どもが話し合う大変さもよくわかります。しかし、じつは子どものほうがおとなよりはるかに柔軟で、人の意見を受け入れられる力が大きいのです。

❷ 多様性を認め合う、対等で安心できる仲間関係を築き上げていく

おとなより友だちが大事になる４歳児

　「思考する主体」から「参画する主体」へと移行していくターニングポイントとして位置づけられる４歳児保育をつくっていく２つめのポイントは、この時期にふさわしい４歳の仲間関係を豊かに育てていく点にあります。

　４歳はおとなに依存する心地よさから、仲間といっしょの楽しい生活のほうへと、おもしろさ・心地よさを飛躍させていく時期であり、そうした移行を支える実践が大きな力を持つ時期なのです。

　転がしドッチボールに参加してすぐに当たってしまい、ふてくされてブランコのほうに行ってしまったゆきちゃん。みんなが気づき、駆け寄って、「だれかに当てたらまた中に入れるんだよ」「だからやろうよ」と誘われると、表情が変わって戻ってくることができました。保育者ではなく、友だちに誘われたことがうれしくて、気持ちの崩れを自ら立て直すことができました。

　食事当番のエプロンをたたんでカゴに入れておくとか、トイレのスリッパは入り口にそろえて並べておくということも、３歳児クラス時代はきちんとできていたのに、４歳児クラスに進級したらできなくなったということがよく起こります。保育者のため息が聞こえてきそうですが、散らかしたまま走り去っていく子どもたちの行き先に注目すると、そこには友だちが待っていたりします。

　３歳児クラスのころは、保育者に支えられながら、一つひとつ手順を踏んで物事が進んでいくことが喜びでした。しかし、４歳になると、「自分」「保育者」「目の前の課題」の３つの関係に加えて、「友だち」の世界が見えてきます。友だちとのあそびが重要になればなるほど、保育者との関係や目の前の物事は視野から外れていく。それまでできていたことができなくなるこうした姿も、世界を広げていく４歳児らしい発達の一つのあらわれなのです。

対等で安心できる仲間関係をつくる

ただしそうやって4歳児の仲間関係を育てていく場合、気をつけなければならない点が2つあります。

1つは、「**対等で安心できる仲間関係**」をつくりだすこと。もう1つは、「**多様な価値観**」にふれる経験を通して、多様性を認め合う人間関係を意識的に育てていくことです。

4歳児は言語理解力も進み、他者との関係を言葉で整理することができるようになってきます。仲間の中の自分の位置がわかり、他者と自分との間にある差異（違い）を理解するようになってくるのです。

とはいえ、月齢差も大きく、認識力や言語能力のある高月齢児が一方的にあそびをリードしがちです。発達の差が子ども同士の力関係として固定化しないように、どの子も安心できるクラスになるよう配慮していく必要があるでしょう。

＊あーあ、ぼくも"一番"やりたいのに

そらくん（5月生まれ）のあとをいつもくっついて歩く5人の男の子。そらくんが走れば5人も走り、そらくんが何かに触れば同じように触りながら、一列になってついていきます。そらくんが「とべ」と命令すると、みんなも従順にぴょんと石をとびこえます。

しばらくして、かんすけくん（6月生まれ）がやってきて「あーあ、ぼくも"一番"やりたいのにそらくんがやらしてくれないんだよね」と言うので、すかさず「そういえば、そらくんがいつも"一番"だよね。ねえ、そらくん、かんすけくんが、ぼくも"一番"やりたいって言ってるよ」と声をかけると、「じゃあじゅんばんこね」とそらくん。しばらくまねっこあそびは続き、だいすけくん（3月生まれ）は、「オレ、"一番"やるの2回目だ」と喜んでいました。㉑

㉑「あそび研究会」（東京・豊島区公立保育園）で報告された事例より。子どもの名前は変更。

この事例のように、友だちとの力の差やクラスの中の人間関係を感じ取って、感情を出す前に引いてしまったり、力関係の強いほうに流れたりしているときは、ここぞという機会をとらえて、保育者が言語表現の未熟な子どもたちの声を代弁していくことも、対等に言い合える人間関係を築

いていくうえで大切です。

　その際、注意したいことは、個々の子どもに対応するだけではなく、集団として問題を共有したり、友だちの思いにふれながら自分の行為をふり返っていけるように工夫するということです。自らを集団の中で生きる社会的な存在として自覚し、ふるまうようになっている４歳の子どもたちは、おとなに一対一で受け止めてもらっただけでは安心できないからです。

多様な価値観を提示する

　人と人との関係がわかって、一定の基準ができてくる４歳児は、自分の行為もその基準にそって見直しはじめますが、画一的な基準しか持たないために、がんじがらめになってしまいがちです。

　たとえば、友だちとトラブルになった時、「ごめんね」と言うことを極端にいやがる姿がよく見られます。逆に、「ごめんね」を言わなければ解決したことにならないと思い込んで、「ぶつかった」「わざとじゃない」とケンカしている当事者を取り囲んで、「謝りなよ」と外野から口をはさんだりします。

　そんなときは、「わざとやったわけじゃないのに"許さない"はないんじゃない？」「あたったよって言って謝ってもらえばいいんじゃない？」など、白黒をつけない解決方法を提示することで、「ごめんね」の呪縛を揺さぶることも大切です。

　２人の食事当番が１枚のお皿をどちらが運ぶかでもめている、という場面では、自分はこのお皿を運びたいけれど、相手もこのお皿を運びたいと思っているということは、よくわかっている４歳児です。だから、互いの思いを出し合うだけでは、真っ向から対立するばかりで、どちらも譲れません。そこで、「○○ちゃんも運びたかったけど、□□ちゃんはもっと運びたかったのかな」など、"運びたいという思い"が「ちょっとだけ」なのか「たくさん」なのか、量的な視点を提示することで、それほどやりたいのならと、自分の気持ちに折り合いをつけることができるかもしれません。

③ 「揺れ」と「葛藤」を生きる子どもに寄り添う

集団のかげで揺れる子どもに思いをはせる

　これまで述べてきたように、「思考する主体」から「参画する主体」へと移行していく４歳児保育において、仲間といっしょに活動する生活が大きな意味を持つことはその通りです。しかし一方で４歳児は、まだ「揺れ」と「葛藤」を生きる時期でもあるのです。

　したがって、集団のかげで揺れている子どもはいないかと目を配りながら、葛藤する子どもの心に寄り添うていねいな実践が、４歳児保育ではとりわけ大切なのです。

　たとえばそうした保育の意味を、楽しそうなあそびの渦の中に、入りたそうにしていながら、一歩が踏み出せず「立ち止まる」あきとくんの事例から考えてみましょう。

＊だって、だって

　しっぽとりがはじまりました。オニの保育者のまわりからさっといなくなる子どもたち。あきとくんは走ることは大好きなので今回も参加していますが、前にはじめてしっぽを取られた時、くやしくて大泣きしました。今日はどうだろうと思って追いかけると、取られる寸前で自分で取ってしまいました。「あっくん、しっぽ取っちゃったらもう逃げられないよ」と言うと、「だって、だって」とぶつぶつ。何度やっても、取られる寸前で取ってしまうあきとくん。

　まわりを見渡すと、楽しそうに走っている友だち。そのうち、仲のいいゆうやくんに教えてもらって「だれかといっしょに逃げる」「ぐるぐる同じ方向に走るのではなくてジグザグに走りながら逃げる」などとワザを考えながらあそびに参加するようになり、いっしょにしっぽとりを楽しむ時間が増えていきました。[22]

[22] 筆者（齋藤政子）の実践（静岡・風の子保育園勤務時）より。子どもの名前は変更。

　４歳児は、スリルのある緊張状態を持続したり、こわさを我慢したりすることがむずかしいだけでなく、勝ち負けに非常にこだわる時期でもあり

ます。でもあきとくんは、一度負けても次があること、ワザを工夫して逃げるという新しい楽しさもわかって、自分で自分のしっぽを取ることはなくなりました。

　新しいあそびの提案をする時は、保育者が「やりたい」「やろう」と強引にひっぱるのではなく、ちょっとした"逃げ道"を作りながら提案をしていくという方法もあります。

　ある保育者は、「新しいゲームしたいんやけど、ルールちょっと難しいねん。みんなやったらできると思うけど、どうする？」とクエスチョンマークのついた提案のしかたをすると、「難しいならできひんでも、言い訳できるやん！」と乗ってきてくれる子どもが多いと語っています[23]。「やってみたい」という積極的な好奇心と、「できひんかったらどうしよう」という自尊心が傷つくことを恐れる不安な気持ちとの狭間にいる4歳児の特徴をよくとらえた働きかけです。

[23] 某保育園Y「裏四歳児部会」京都保育問題研究会『保育びと』第20号、2008年、37頁。

　いくら誘ってもオニごっこに入ってこなかった子どもが、好きなだけ入っていてもいいという絶対安全地帯を作ったことで、ようやく入ってきたという事例もあります。友だち関係を意識するようになる4歳児だからこそ、みんなの中にいたいし、みんなの中で「ダメな自分」を見せたくない。「相反する4歳児の気持ちの《ひるみ》のほうをまず解決する」[24]ことで、"いっしょが楽しい"を保障したのです。

[24] 神田英雄『保育に悩んだときに読む本』ひとなる書房、2007年、92頁。

「情けない自分」に共感する

　またときには仲間との関係の中で、どうしようもない「自分」を自覚し、落ち込んでしまうことも4歳児にはあります。そしてその反動で、友だちに悪態をつくこともあるのですが、それもすべて、仲間との間に関係を見出すことができるようになる4歳児だからこそ生じる行動なのです。

＊「あるある、そういうこと」

　「あたし、自分がいやになっちゃった」と廊下でうなだれるさゆちゃん。なんでも一番になりたいさゆちゃんは、言葉も巧みで、友だちにも横暴にふるまうことがありました。でも最近は、他の子どもたちも負けじと言い返すようになり、思うようにいかないこともたびたび。この日は、ホールでいつもいっしょに遊ん

でいる女の子たちがはじめた大縄跳びをやめさせようと、何かとケチをつけはじめたのですが、無視されたようです。さゆちゃんは縄跳びが苦手なので、他のあそびをしたかったのですが、素直に言えないのです。そこで一人、廊下へ出て行くのを担任は目の端でとらえていました。と、そこへ通りすがりの保育者が、「うん、あるある、私もそういうことー」とうなずいたと思ったら、あっさりと「じゃあまたね」と行ってしまい、さゆちゃんはさゆちゃんで、すっとホールに戻っていったのでした。㉕

㉕「あそび研究会」（東京・豊島区公立保育園）で報告された事例より。子どもの名前は変更。

　4歳児は、このさゆちゃんのように、がんばっている友だちや楽しそうな雰囲気を否定する言動をとることがあります。自分もやりたいけどじょうずにできないことがわかっているがゆえなのです。しかも、以前のように力で思い通りにすることもできず、自分で自分をクールダウンさせようとしているさゆちゃん。

　通りすがりの保育者と視線やつぶやきをかわし合っただけのような短いやりとりで、さゆちゃんは自分で気持ちを切り替え、再び友だちがいるところへ戻ることができました。否定的な言葉で叱られたり、やろうよと応援されたりするのとも違う、絶妙な距離感に救われたのでしょう。

　4歳の子どもたちが、自ら葛藤をこえていくためには、「できる自分」「かっこいい自分」をほめてもらうだけではなく、「こんな情けない自分もひっくるめて丸ごと受け止められる」経験もとても大切なのです。

　4歳という時期は、言語能力が飛躍的に発達し、仲間との関係も大きく変化する時期ですが、それでもそれぞれの子どもたちは、まだまだ「揺れ」ながら活動する時期でもあるのです。そんな4歳の子どもたちの心の「揺れ」をていねいに感じ取り、寄り添う実践が求められます。

解説 「子育て困難」の中の子どもたち

　まわりに子育てを支えてくれる人がいない孤立した家族。失業によって家計が破綻し貧困状態に陥った家族。母親がDVを受けている子ども。虐待を受けているおそれのある子ども。今、「子どもの貧困」や子育て家庭の生きづらさが大きな社会問題となっていますが、4歳児クラスの子どもたちも、さまざまな背景を背負って登園してきています。

　2月の寒い日、ぽたぽたとしずくがたれるほど、髪の毛がぬれたままで登園してきた女の子。朝、髪の毛を洗おうとしたらはげしく泣かれてしまい、しかたなくそのままにして来たと説明するおかあさん。経済的にも精神的にもゆとりがなく、疲れた顔をしています。夜中も働いているので朝は起きるのがきつく、普段から登園時間が遅れがちです。

　お弁当の用意を家庭にお願いしている日は、必ず2個用意していくという園長先生。調理の経験がなくどうやって作ればよいのかわからない、経済的な余裕がなくて作れないなど、持ってこられない子どもがたいていいるからです。

　オムツをつけていたり、トレーニングパンツをはいている4歳児もめずらしくありません。排尿・排便の感覚がまだつかめていない場合もあれば、一度はトイレでできていたのに、なんらかの要因で不安や緊張が高まってできなくなったりなど、幼児の排泄の問題には、周囲の状況の変化も含め、複雑な要因がからみ合っていることがあります。

　他者との違いを発見し、他者へのあこがれを高めはじめる4歳児クラスの子どもにとって、びしょびしょの髪の毛で登園することや、お弁当を持ってこないことは、自己肯定感や自己信頼感を低めてしまうことになりかねません。登園が遅かったり、排泄が自立していなかったりすることも、プールや遠出の散歩などの活動に支障をきたすことになり、友だちとの関係の中で、自ら行動したり発言したりする力や表現力の育ちを奪うことになる可能性もあります。

　どの子にも4歳児クラスの子どもとしてふさわしい生活と活動を保障し、「違い」を「自己否定」に直結させないために、個別の子どもにも、クラス集団にも、ていねいに対応していくことが求められます。

　同時に、その子をクラス全体にどう合わせていくかという方向ばかりではなく、その子に合わせて朝の集まりの持ち方や散歩の時間などの園生活の流れを柔軟に組み替えてみることも、選択肢の一つかもしれません。そのためには、時にはクラスの枠をこえて検討し合うことが求められるでしょう。

　また、保護者にも声をかけ、必要に応じて保健師や児童相談所をはじめとする行政機関につなぎ、子育てを社会的にサポートしていくことも大切です。

参考図書
・下野新聞 子どもの希望取材班『貧困の中の子ども――希望って何ですか』ポプラ社、2015年。
・宮里六郎『「子どもを真ん中に」を疑う――これからの保育と子ども家庭福祉』かもがわ出版、2014年。

4　4歳児クラス担任を支える「記録」と「同僚性」

　本章ではこれまで、たっぷり揺れて仲間とともに育ち合う「思考する主体」として生きる4歳児を支えつつ、「参画する主体」への移行期としての4歳児保育を実現していくポイントについて述べてきましたが、最後に、そうした保育を下支えする記録と同僚性についてふれたいと思います。くわしくは第Ⅲ部で解説していきますが、4歳児クラスの保育実践をデザインしていくためには、次の3つのことが欠かせません。

❶ 今年の4歳児クラスの子どもをしっかりと見て、1年間の「保育の見通し」をもつこと
❷ 保育者同士がお互いに保育を語り合いながら協働していく「同僚性」の中で実践を創造していくこと
❸ 記録を手がかりに「子どもの参画」の可能性を追究していくこと

　第1に、どの保育者にとっても、今年の4歳児クラスの子どもたちとの出会いは一回きりです。個と集団の育ちとが相乗効果で重なり合い豊かに織り上げられていくように、家庭や地域も視野に入れながら今年の子どもたちの様子を出し合い、たとえば、4、5月ごろの担任との信頼関係づくりが大事な時期から、1～3月ごろの協同的活動を経験して進級に向けてクラスがまとまっていく時期までを見通して、個の課題とクラス集団の発展について考えていく必要があるでしょう。
　第2に、「同僚性」についてです。近年、保育者の専門性の向上をテーマとする研究の中で「同僚性」という概念に注目が集まっています。お互いの自主性や自立性を尊重しつつ対話を重ね、よりよい保育をつくっていく協働的関係──「同僚性」[26]を、保育者がどう築いていくのかが共通の課題となっているのです。保育者が自分の思いを出すとともに、こんな保育をしたいという一致点を探りながら、若手と先輩が互いを認め合い、ときには率直に意見を出し合って保育を進めていくということも重要です。保育

[26] 教育学者の佐藤学さんは、「同僚性」は「授業の創造と研修において教師が専門家として連帯する関係」であり、学校改革における必要性と優位性はもはや常識となっていると紹介しています（『専門家として教師を育てる──教師教育改革のグランドデザイン』岩波書店、2015年、120頁）。

実践は多様性に富んでいます。保育者一人ひとりの発想力や構想力が生かされるような園文化を育んでいきたいものです。その際、保育者の個性を認め理解しようとする園長・主任の存在は、「同僚性」を高めていくうえでキーポイントとなります。

　第3に、記録を手がかりにして実践をデザインしていくということです。その場で書きとめるメモのようなものから、ノート形式、パソコンで入力するもの、クラスだよりという保護者へ「伝える」という役割も含めて書かれるものまで、記録の種類や方法はいろいろあるでしょう。

　レッジョ・エミリアの保育で注目されていることの1つに「ドキュメンテーション」という記録づくりがあります。子どもたちの言葉、作品、文字、それらにかかわった保育者のメモ、録音テープ、写真等々が記録・整理・集約されたものです。磯部裕子さんは、カリキュラムをデザインし、生きた生活から保育をつくりだすためには「記録のための記録ではなく、見せるための作品ではなく、子どもの『いまここ』を物語るための記録、生きた臨床を描いた記録が必要」なのだと述べています。[27]

　また、ニュージーランドの「学びの物語」アプローチを紹介した鈴木佐喜子さんによれば、「ニュージーランドでは教育省の認可を受けた保育の場は、子どもの学びのアセスメントを記録することが義務づけられて」いるとのことです。そして、子ども自身が周囲の世界とどうかかわり学ぼうとしているかに着目した「学びの物語」は、子ども自身の関心やニーズに合わせて保育を展開していく「対話型のアセスメント」として活用され、「保育者の保育への意欲や喜びを広げ、子どもの学びや保育を豊かに作り出す」ものとしての実感が広がっているそうです。[28]

　日本の保育でも、子どもをより深く理解することにとどまらず、子どもの関心や学びを発展させられるものとしての記録のあり方についても、さらに検討を進めていく必要があるでしょう。忙しい毎日の中で書きためられた日々の保育の断片には、「子どもの参画」の可能性の糸口がかくれています。記録にもとづいて、職員同士で話し合うことで、子どもがより主体的にかかわることのできる場面に気づいたり、活動の発展方向を探ったりすることは、どの年齢でも大切なことですが、とりわけ、「思考の主体」としての4歳児がより積極性や協同性を発揮しうる保育とは何かを考えていくうえでは、貴重な手がかりになるはずです。

[27] 磯部裕子「保育の主体をめぐる難題（アポリア）を超えて」『現代と保育』69号、ひとなる書房、2007年、71〜75頁。

[28] 鈴木佐喜子「解説1 ニュージーランドの保育と『学びの物語』実践の現状と課題」マーガレット・カー著、大宮勇雄・鈴木佐喜子訳『保育の場で子どもの学びをアセスメントする──「学びの物語」アプローチの理論と実践』ひとなる書房、2013年、306〜316頁。

第Ⅱ部

4歳児クラスの実践の展開

第1章
子どもの声を聴くことからはじまる保育

① 声なき声を聴き取る

　「子どもとつくる保育」の中で私たちがまずすべきことは、目の前の子どもたちの思いや願いに耳を傾けるということです。
　あけぼの保育園の藤田朋子さんが、こだわりが強く1人でいることの多いあつしくんの内なる思いに耳を澄まし、聴き取って、クラスの子どもたちを巻き込んでいく次の実践は、とかく「大きな声」に注目しがちな私たちの耳の傾け方に一石を投じる実践です。

友だちとつながる糸口を探る

　この4歳児クラスさくら組（23人）には、特別な配慮の必要な発達障がいなどの子どもが4人、保護者の母語が外国語で日本語が話せない子どもが2人いました。担任は2人です。そうした中、藤田さんは、とくに友だちとのトラブルの多いあつしくんと、楽しい経験を共有するためにはどうしたらいいのかと悩んでいました。
　運動会前のある雨の日、あつしくんは、おうちの人と恐竜博物館に行ったことがきっかけで、恐竜図鑑を見ては恐竜を何十枚も写して描いていました。そして自分で写したお気に入りの恐竜の一つひとつを、切り抜きは

じめたあつしくん。でも、しっぽが長かったり、爪がとがっていたりと、恐竜には複雑な形をしているものも多く、なかなかうまく切り抜けません。ちょっとでも失敗すると、もう嫌になって、イライラしてしまいます。途中で投げ出してしまう時もありました。しかし、藤田さんがいっしょに写し絵を作って色を塗ったりなどしているうちに、他の子たちもまわりに集まりだし、あつしくんのまねをしはじめました。

　写し絵のやり方をあつしくんに教えてもらい描きはじめたはやおくん。「どうやってやるの？」と聞きながら写しはじめた。するとあつしくんは、「ぼくが教えたんだ！」と自慢げな表情でこたえている。❶

❶ 以下、藤田朋子（東京・あけぼの保育園）実践記録より抜粋・編集、子どもの名前は変更。

　友だちと思いがぶつかりトラブルになることが多いけれど、「いっしょに同じあそびをしたい」「だれかに認めてもらいたい」というあつしくんの心の声が読み取れる瞬間です。
　しばらく続いたこの写し絵ブームは、翌月に入ると思わぬ展開を見せます。他の子どもたちが虫に興味を持ちはじめ、虫の図鑑を広げて写し絵を楽しみはじめるのです。すると、今度はあつしくんのほうが虫を写して描くようになり、その描いた絵を切りはじめたのです。
　虫の切り抜きは、恐竜の時よりずっと簡単でした。しっぽも長くないので、ぐるっと丸くはさみを回していけば切り抜くことができます。どんどん切り抜きがたまっていきました。

みんなで楽しめるようにするには？

　そこで藤田さんは、それまであつしくんが切り抜いていた大量の「虫」を貼る何かを作って、みんなで見て楽しめるといいなと思い立ち、壁面に、土の中と大きな木を、紙で貼り合わせて作ります。
　すると、目ざとい子どもたちがさっそく興味を持って近寄ってきます。

あつし「これに虫をつけるの？」
保育者「どう思う？」
子どもたち「いいね〜」

たくや「木に葉っぱをもっとつけたら〜」（たくやくんは制作が苦手。この言葉
　　　　　　チャンス！）
　　保育者「じゃ〜作っていいよ！」
　　　たくや「いいの？」
　　保育者「いいよ」

　たくやくんは、いっしょに葉っぱを作ろうとしていたれなちゃんといっしょに外に出て行き、園庭に落ちている葉っぱを拾ってきた。どうするのか見ていると大きさを写そうとしている。苦戦していたが見守る。

　　　たくや「できたよ！」（できたのは丸い葉っぱだった）
　　保育者「いいじゃない。じゃあ〜貼って。どこでもいいよ！」（両面テープの使
　　　　　　い方を教えると自分から貼っていくたくやくん）
　　　たくや「もう1回やるね。今度はきみどり色でやってみる」（自信をもって言
　　　　　　い、切っている）

　まずは、木に葉っぱがついた。すると、それを見ていたあつしくんが、今まで切った「虫」をたくさん抱えて、やってくる。

　　あつし「切った虫つけていい？」
　　保育者「いいよ」

他の子が見に来る。あつしくんが貼りはじめると自然に子どもたちが集まってくる。

　子どもたち「すごい!!」「いいね〜」「わ〜、虫の世界だ〜」

　この言葉がきっかけで、次の日、それまで参加していなかった子どもたちも、カマキリ、カブトムシ、クワガタ、アリ、ダンゴムシ、ミミズ等を写し、色鉛筆で色を塗って貼りはじめた。そこへ女の子たち（かの、ちはる、あゆ、ゆかり、みなみ）が、「私たち虫は描けないからお花にする」と言って作りはじめる。

　まさき・あつし・みずき「いいね〜。花には、虫がとまるから大事だよね」
　あつし「だって蜜を吸うよね」
　るり　「うわ〜きれい」
　みずき「じょうず！」

　こんな具合に切り抜いた絵を貼っていく共同画が壁面いっぱいに広がっていきました。
　あつしくんが、「虫」を抱えてきた時に、藤田さんは、一言「いいよ」とこたえただけですが、「やった！」という藤田さんの心の声が聞こえてくるようです。あつしくんも、木と葉っぱができていくのを横目で見ながら、「貼りつけてみたいなあ」「言ってみようかな」と揺れ動いていたに違いありません。

「いいね〜」は伝染する

　この実践でキーワードとなっていたのは「いいね〜」でした。

　注意したことは、「気になる子」にかぎらず4歳の子どもたちは、他の子とくらべうまくできたかが気になったり、失敗を恐れたりするので、形や出来ばえは気にせず、ダメ出しをしないで「いいね〜」と受け止めるようにしたことである。絵を描くことが苦手な子も、それをまわりに隠すことなく自信をもち描くようになってきた。

あつしくんはこれをきっかけに少しずつ自信をもち、友だちにもやさしく接することができるようになってきた。またあつしくんの提案で"海"も作ってみよう、ということになり、「いいね〜」とみんなでやりはじめた。

　藤田さんが「うん、それいいね〜」と受け止めたことによって、子どもたちはより一層、「やってみたい」というあそびへの意欲をかき立て、「いいね〜」「これもいいね〜」と他の子どもの発想も認め合っています。子どもたちの発言に「いいね〜」が多いのは、藤田さんの「いいね〜」の口癖がうつったからなのかもしれません。子どもの発想を、まずは無条件に受け止めることから出発することが、子どもの声なき声が、言葉として表現されはじめるきっかけになったのでしょう。

いろいろな参加のしかたを包み込み発展させる

　特別な配慮の必要な子どもの一人のたくやくんは、それまで友だちがやっているあそびに参加するということはほとんどありませんでしたが、この日は、おもしろそうなこと、楽しそうなことがクラスの中で進行していることを感じ取っていたのでしょう。「木に葉っぱをつける」というアイデアを自ら出して、園庭の落ち葉を見本にどんどん作っていきました。手の動きに困難がある別の子どもは、丸く切った紙を"葉っぱ"として貼りました。ダンゴムシを描いて切り抜く子もいれば、「ダンゴムシは石の下にいるから」といって、石を切り抜いてダンゴムシの上に貼りつける子も。どの子どもも、自分の興味や関心に合わせて、その子なりのイメージをもってかかわることができたのです。

　ひとりの声を聴き取っていたら他の子どもの声も聴き取らざるをえなくなるのではないかと心配する意見があるかもしれません。しかし、「興味のあることに取り組みたい」「仲間と楽しさを共有したい」というあつしくんの内なる声は、じつは、他の子どもたちが発している内なる声でもあったのです。幼児期後半に入った4歳の子どもたちの協同的活動は、こうした子どもたちが要求している「おもしろさ」や「楽しさ」を広げ共有していく中でこそ、進められていくものなのです。

❷ できるようになりたい思いを共有して支える

　子どもの内なる声に耳を傾ける、というとき、「やりたい」思いを引き出していくことは比較的容易かもしれません。しかし「やりたくない」気持ちを抱いている子どもとは、どんな対話をしていけばよいのでしょうか。
　柚木武蔵野幼稚園の羽田久美子さんのクラスには、運動会を前にして、鉄棒の前回りという課題を避け、鉄棒で"ブタの丸焼き"ばかりやっているとうまくんがいました。ひかるくんもあまり乗り気ではないようです。

できない子もいることをみんなの問題に

　先日の帰りの会、「なんか、ひばり3組（自分たちの4歳児クラス）さん、みんな鉄棒できてるからおかあさんたちにも見せたら？」と言うしょうくん。「いいねー」とまわりの子どもたち。子どもたちから言ってくれるとはうれしいなと思っていました。「そうだね。すてきだもんねー」と保育者。すると、とうまくん「とうま、まだ、できていない」。「そうだね。他にいるかな？」と聞くと、「あっ」と言いながらひかるくんも手をあげました。「そっかー。みんな、おかあさんたちに見せたいって言ってるけど、とうまくんとひかるくんは前回り、できるようになりたいのかな？」と聞いてみました。❷

　みんなの中で2人に「できるようになりたいのかな？」と問いかけるのは、まだできないことを2人だけの問題とするのではなく、みんなのこととして共有しようとする羽田さんの意図がうかがえます。とはいえ、そのことでかえって2人を追いつめることにはならなかったのでしょうか。

　「うん、できるようになりたい！」

　2人とも元気よくこたえてくれました。はじめのころは、同じことを聞いてもそうは言わなかったかもしれません。でも、みんながどんどんできていくのを横

❷ 以下、羽田久美子（東京・柚木武蔵野幼稚園）4歳児クラスだより「芽」（2008年10月）より抜粋、子どもの名前は変更。

目で見ていて、「自分もできるようになりたいな」「でも、こわいな」「みんなができているから自分もできるかな」という葛藤がきっとあったに違いないのです。
　そんな思いを確認し、「だいじょうぶ、できるようになるから、みんなで教えてあげようね」とみんなにも伝え、「うん、いいよ」「いいよ」「来週からやってみようね」とはりきって帰った金曜日でした。

　ここからは、子どもたち一人ひとりを課題も含めて丸ごと受け止めてきた保育があったことが読み取れます。こうしてこのクラスでは、「できるようになりたい」という声を聴き取って、一人の課題をみんなの課題にする取り組みがはじまります。

2人のがんばりを支えたもの

　誤解してはいけないのですが、羽田さんは、「できないことがあること」が問題だと考えているわけではありません。筆者も、前回りの課題を乗り越える実践や、こうしてみんなの前で、自分の課題に対して決意表明を促すような実践にぜひ取り組むべきだと主張したいわけではありません。むしろ、「こうなりたい」というあこがれを持つこと、「できるようになりたい」という本音を表現することができたということ自体が大切なのです。
　あこがれと本音との間で揺れている子どもは、願いを持つとそれをさっそく行動に移します。翌週、ひかるくんから喜びの声が聞かれました。

　朝のあそびの中で鉄棒を順番にやっていると、「先生、ひかる、できるようになったよ」とひかるくん。「えっ」とびっくり。そして、くるりと回って見せてくれました。週末、おとうさんと公園で練習したそうです。できた時には、おとうさんもおかあさんも大喜びしてくれたそうです。「すごいねー」と言うと満足げなひかるくんでした。

　では、とうまくんはどうなのでしょうか。とうまくんの本当の気持ちを、羽田さんはさらに聞いています。すると、とうまくんはこう言うのです。

　「できるようになりたいんだけど、……こわいんだよ」

この一言が聞けたことはとても重要だと思います。なぜなら、この一言は、とうまくんが「できるようになりたい」という本当の気持ちを表現しており、さらに、できるようになるための支援の方向性を指し示しているからです。「こわい」という言葉を聴くことができたからこそ、次のような対話が展開されることになりました。

　「そうなんだよね。とうまくん、やりたいんだけど、こわいんだって」と保育者。
　「ああ、頭が下に行くところ？　あそこ、落ちそうでこわいんだよね」とゆいちゃん。
　「ゆいちゃんもそうだった？」と聞くと、
　「うんうん」とゆいちゃん。みんなも共感しています。
　「どうするといいのかな？」とみんなに聞いてみました。
　すると、「ひびきもそうだったよ。あのさ、鉄棒をぎゅっとにぎるといいんだよ」と教えてくれました。
　「そうそう。ぎゅっとにぎって、離さないんだよ」とほのかちゃん。
　「頭が下まで行くとこわいけど、そこで、足をまげるといいよ」となほちゃん。
　「しっかりにぎってたら落ちないよ」とじゅんちゃん。
　「じっとしていたらこわいから早くまわったほうがいいよ」としょうくん。
　まあ、次から次へと出てくる出てくる。正直、保育者も、とうまくんがこわがって硬くなり、体が引けてしまっているので、どうアドバイスしようかと思っていたところでした。「なるほど、なるほど」と感心してしまいました。
　みんなの一言一言をじっと聞いていたとうまくん。そして、最後に、「とうま、がんばって」とじゅんじくん。思わず感動してしまった保育者。そんなじゅんじくんの声に、他のみんなも「とうま、がんばって」と励まします。すごいなー子どもって。こちらが元気づけられます。

　「対話は希望がなければ存在しえない。希望は人間が未完成であるからこそ生まれる」と述べたのは、ブラジルの教育学者パウロ・フレイレです。とうまくんは、「みんなが聞いてくれる」「みんなが認めてくれる」という安心感の中で、自分の未完成を自覚し、「なりたい自分」を思い描いたからこそ、こんな対話が展開され、まさに希望が生み出されたのでしょう。

❸ パウロ・フレイレ著、小沢有作・楠原彰・柿沼秀雄・伊藤周訳『被抑圧者の教育学』亜紀書房、1979年、102〜103頁。

翌週の朝、今まで自分から鉄棒に飛びつくことはしなかったとうまくんですが、ぴょんと上に飛びついたのです。それだけでもすごい進歩！「すごい、とうまくん、自分で乗れたよ」と言うとうれしそうなとうまくん。「"ことり"（小鳥のように静止する）がじょうずにできてるよ」「じゃ、今度3数えるからやってみよう」と言うと、「うん、やってみる」とこたえてくれました。そして、結局その日は、20まで静止することができました。

　また、翌日。「先生、前回りできた！」ととうまくんが部屋にかけこんできました。「えっ、今？」「うん！」「すごーい！」。すると、他の子どもたちが「どうした？」「どうした？」と聞いてきます。「とうまくん、前回りできたって」と伝えると、「へえ、すごいじゃん」「よし、見せて」「どれどれ」と鉄棒のところに集まりました。

　台に乗り、みんなの見ている前で、くるり！　みんなも思わず拍手！　やったー！　保育者もみんなも大喜びです。「どうしたの？」と聞くと、「やってみたらできた」と一言。自分で決めて回ったということがすごいなあと思いました。

　この時期、クラスのほぼ半数が5歳の誕生日をむかえています。3歳児クラスから鉄棒に親しむ取り組みを積み重ねてきた子どもたちです。鉄棒の前回りは、4歳児クラス後半の運動発達状況からみても、それほどむずかしいものではないかもしれません。しかし前回りを成功させるには、「できるようになりたい」と思って、自分で決めて取り組むという自己決定力

が必要なのです。「できるようになりたい」という強い気持ちがなければ、子どもたちが口々に言っていたように、頭が逆さまになった時の恐怖に打ち勝てないからです。

　そして、もう1つ重要なのが、羽田さんが言うように、「友だちがいること、仲間がいること」なのでしょう。「できない時にわたしもそうだったよと共感してくれる」友だち、「こうするといいよと教えてくれる」友だち、「がんばってと励ましてくれる」友だち、「できた時によかったねといっしょに喜んでくれる」友だち、このような友だちの中でできていく過程が大事なのでしょう。この園が鉄棒の前回りを運動会の4歳児の競技種目の1つにしている理由はそこにあります。自分一人で取り組む個人の競技というよりも、仲間と取り組み、仲間同士で乗り越える競技なのでしょう。

　今日の朝の会では、本当は"ことり"ができたことをみんなに見せようと思っていたとうまくん。急激な成長にびっくりです。みんなに"おめでとう"を言われた朝の会。最後に、とうまくんがみんなの中で、ポツリと「できなかった時さ……」と言いかけて止まりました。「ん……？」と聞き返すと、恥ずかしそうに、「みんなが教えてくれたからできた……うれしい……」と言うとうまくん。思わず感動で涙が出てしまった保育者。やっぱり仲間の力はすごいと改めて思ったのでした。

「やりたくない」も言えるクラスづくり

　保育の目標というのは、何かができない子どもの中からやりたい気持ちを引き出して、できることを増やすことだけではありません。むしろ「やってみたい」ということだけでなく、「やりたくない」という子ども自身の声に耳を傾けることのほうが重要です。なぜなら「やりたくない」という声は、子ども自身の真実だからです。真実を声にしてみることができた時、子ども自身も、自分を認識することができます。自分自身を認識できてこそ、そこから出発することができるし、他者からも自分が見えるのです。どこに進んでいくのかは対話の中で明かされていきます。「声を聴き取られる」ということは、4歳児が、新しい自分に出会うための出発点なのです。

実践　5月の入園式

　4月はじめ。持ち上がりの保育者に、しのちゃんが言いました。

「先生、どうしてすみれ組（自分たち4歳児クラス）には新しいお友だち入ってこないの？」

「そうだよね。あいちゃんが転園しちゃったから、新しいお友だちが入ってくるといいね。5月に入ってくるかもしれないよ」と言うと、「そうしたら、すみれ組で入園式やってあげようよ」とすーちゃん。「いいね」「そうしよう」と口々に言う子どもたち。クラスで話をするとみんなも大賛成。

　そして、4月下旬、ロッカーにキリンマークを貼っていると、まりちゃんが気づきました。

　まり　「あれ、先生、だれのマーク？　あ、新しいお友だちのマークでしょう？」
　保育者「そうだよ」
　ゆき　「なんて言う名前？」
　保育者「しおんくんっていうんだよ」
　たけし「へえー、やったね」

　この日の朝は、「ねえ、新しいお友だち来るんだって」と大騒ぎでした。

　そして5月1日、しおんくんがおかあさんといっしょに登園すると、「入園式だよ。先生」と言いにきます。そうだったと、急いで部屋を片づけはじめると「ホールでやろうよ」とみんなが言うのです。
　たしかに……子どもたちに言われるまで気がつきませんでした。しおんくんにとっても、みんなにとっても大事な入園式。やっぱりホールでやらなくちゃ。園長先生にも来てもらい、いよいよ入園式のはじまりです。しおんくんもおかあさんもとてもうれしそうでした。

（庭山宜子「はじめよう！　手と手をつないで」No.1、つながりあそび・うた研究所『手と手と手と』第112号、2006年6月30日より抜粋・編集、子どもの名前は変更）

　おそらくは不安と緊張感でいっぱいの新入園児のために何かしてあげたい。そして早く友だちになっていっしょにたくさん遊びたい。まだ見ぬ新しい友だちにも心を寄せることができる子どもたち。そしてそんな子どもたちのつぶやきを、保育者が聞き流すことなく拾い上げたことで、4歳児クラスだけの「入園式」が実現しました。

第2章
子ども同士の
つながりをつくる
話し合い

1 何を言っても大丈夫な安心感をつくる

　子どもの声を聴き取る保育では、保育者が一人ひとりの子どもを理解していこうとする「保育者−子ども関係」が重要になります。しかし、仲間の中の自分を意識しはじめる4歳児クラスにおいては、そうした「保育者−子ども関係」だけではなく、「子ども−子ども関係」をどうつくっていくかも大きなポイントとなります。その出発点として、一人ひとりの子どもが、ここでは何を言っても大丈夫なんだという安心感を持って生活できるクラスをつくっていくことが大切です。

仲間を知り自分を知る場

　前章の柚木武蔵野幼稚園の羽田さんは翌年も4歳児クラスを担任し、一人の子どもの発見を仲間で共有する時間として「みてみてコーナー」を1年間通して位置づけて取り組みました。

　自分が興味をもったものについて、朝の会で時間をとって時々紹介してきたのですが、作ったり、発見したりして見てもらいたい子どもが増えてきたため、順番に日にちを決めて行うことになりました。クラスだよりでも保護者にお知らせ

し、室内にも貼りだして、"みてみてコーナー"の順番制がはっきりすると、今まで思いつきで「わたしも」とみんなの前に立っていた子も、そこを目標にして、見通しを立てて、自分の作りたかったものを作ったり準備したりするようになりました。見る側の子どもたちも、2、3人にぎゅっとしぼられたので集中するようになりました。そして、それまではみられなかった工夫もみられるようになってきたのです。❹

❹ 以下、羽田久美子（東京・柚木武蔵野幼稚園）4歳児クラス、2009年度2学期保育総括資料、実践記録「ひとりの関心をみんなの関心へ」より抜粋、子どもの名前は変更。

"みてみてコーナー"は、最初は、「その子がどんなことを感じ、どんな発見をするのか、その子を知っていく手段の1つ」として取り組まれました。しかし、保育者にとっては、別の副産物を得ることができたといいます。「子どもたち一人ひとりが、クラスの中で自分の思いを伝えたいという気持ちが育っているのかどうか」「安心して仲間に自分の気持ちを伝えることができているか」「クラスの中で、個々の子どもがどう位置づいているのか」が見えてきたのです。

「みてみて」は「きいてきいて」でもある

　緊張しながらもうれしそうにみんなの前に立つ子どももいれば、見せたくない子どももいました。

　作ったけれどみんなに見せたくない、という子どももいます。その子には、「今は見せたくないんだ」ということを言ってもらいました。クラスの子どもたちも、「そうなんだ」ときちんと受け止めています。自分の思いを安心して伝えることのできる場と仲間が、子どもたちにはどうしても必要だと思ったからです。

　「何も持っていないからコーナーやらない」という子どもたちも、じつは"今はそういう状態なんだ"という思いを聞いてほしいのです。ですから、羽田さんいわく、本当は「きいてきいてコーナー」なのでしょう。
　いろいろな自分の思いを安心してみんなの前に出せるという雰囲気があるからこそ、仲間の中で話す楽しさや、話を聞くおもしろさを共有することができるのだということに改めて気づかされます。
　羽田さんは次のようにこの実践をまとめています。

"みてみてコーナー"の取り組みを通して、子どもたちの中に、自分の思いをみんなに伝えたい、自分を確認したいという要求があることがわかり、保育者が子どもたちの育ちを確認することができました。集団の中の個の位置づけについて考える機会にもなりました。

　一方、「やだ」「やらない」という否定的な言葉の中に何があるのかを見つけることも大事だと思います。じつは、生活の場面でつまずく子どもの中に「やだ」という子どもも多いのです。真正面から向き合う時間を必ずつくって、その子の思いに一石を投じながら、「仲間の中で認められる喜び」を大事にしていきたいと思います。

　「子どもたちの中には、自分の思いをみんなに伝えたい、自分を確認したいという要求がある」ととらえるところから、一人の関心をみんなの関心につなげ、広げていく保育実践がはじまるのです。

2 自分の意見を出し合い認め合う

　4歳児クラスでは、子どもたちが、自分の意見を出し合う場として「話し合い」に取り組みはじめるクラスも多いでしょう。しかし、はじめのうちは、自分が好きなものや好きなことだけを言いっぱなしにしたり、逆に他の意見におされて「なんでもいい」で終わったりしてしまいがちです。

言い出せずに終わる子も

　たとえば、柚木武蔵野幼稚園の羽田さんの4歳児クラス（前節とは別の年度）で、グループの名前をはじめて決めるときの話し合いはこんなふうでした（話し合いはグループごとに行った）。

　　保育者「グループの名前は何がいいかな」
　　みれい「なんでもいい」
　　えりこ「ダイコン」
　　よしき「じゃあダイコンにする？」
　　保育者「みれいちゃんやよしきくんは何がいいの？」
　　よしき「キュウリがいいなあ」
　　みれい「ニンジン」
　　よしき「（しばらく考えて……）ダイコンでいいよ」
　　みれい「ダイコンでいい」
　　保育者「どうしてそう思ったの？」
　　みれい「だって、えりこちゃんは小さいからえりこちゃんの言う通りにしようと思った」
　　保育者「そっか、みれいちゃんの気持ちはやさしいけど、えりこちゃんはもう5歳だし、みれいちゃんと同じひばり組だからね。みれいちゃんだけがまんしなくていいんだよ」
　　みれい「うん」

えりこ「キュウリでもいいよ」
　　よしき「じゃあキュウリにする？」
　　みれい「キュウリでいいよ」
　　よしき「ダイコンでもいいけど」
　　えりこ「じゃあキュウリでいいよ」
　　みんな「じゃあキュウリでいいよ」❺

❺ 羽田久美子（東京・柚木武蔵野幼稚園）4歳児クラスだより「たのしいな・うれしいな」（2007年11月13日）より抜粋、子どもの名前は変更。

　前の日に、羽田さんが「明日はグループの名前決めるから、野菜の名前を考えてきてね」と言葉をかけていたので、よしきくんは、帰り道に「オレきめた。ジャガイモがいい」と言っていたそうです。それなのに翌日の話し合いでは、言い出せずに終わってしまったらしいと、保護者からのノートに書いてありました。途中で「キュウリがいいなあ」と言っているので、話し合いの中で気持ちが変わってジャガイモではなくキュウリがいいと思ったのかもしれません。しかし、その後なかなか決まらないその場の雰囲気を感じ取って、「ダイコンでいい」という言葉を発したのでしょう。

　自分の意見をうまく主張できない子ども、さらには、その中でどれか1つに決めるということがむずかしい子どももいます。みれいちゃんのように、場の雰囲気を読みすぎてはじめから自己主張をしない子どももいます。だれかに遠慮したり、自分の思いを胸の奥に押し込めたりしないよう、まずは一人ひとりの子どもが自分の思いを安心して出せるように気を配る必要があるでしょう。

一人ひとりが話し合いの当事者になる

　しかし、4歳児クラスの話し合いは、一人ひとりの思いを出し合って終わりというものばかりではありません。何か1つのものに決める必要があって、そのうえ時間的制約もある場合は、保育者はやきもきしてくるかもしれません。

　次のエピソードは、夏祭を前にしたA保育園での7月初旬の話し合いの様子です。その地域のお祭りでよく見かける山車を自分たちでも作ることになり、どんな山車にしようかと相談しています。

一人ひとりがこすもす組の生活に慣れてきて、自分を出せるようになっています。そこで、夏祭りでは、その力を合わせてみんなで「山車」を作ることになりました。みんなでどんな山車を作るか相談しました。

　保育者「こすもす組で作る山車はどんな山車がいいかなあ」
　みかこ「プリキュアの山車」
　りさ　「虹の山車」
　あきら「ウルトラマンの山車」

などなど、それぞれが作りたいものを主張することができました。
　そういえば、先日、グループの名前を決めた時も一人ひとりつけたい名前があってなかなか決まらなかったことがありました。みんなの思いもかなえてあげたいし、でも決まらないと間に合わないかもしれないし、と思ったので、「お友だちが考えたのを聞いて、それもいいなって思ったものある？」と聞くと、「うん、あるある」と口々にこたえてくれました。それぞれ聞いていくと、一番多かったのが、「お花の山車」でした。全員に確認するとみんな賛成。友だちの話に耳を傾けることができるようになっていることを実感することができました。

❻ 神奈川・Ａ保育園、4歳児クラスだより「わくわくこすもす」（2006年7月5日）より抜粋、子どもの名前は変更。

　このエピソードでも、まず担任の古川さんが大事にしているのは、「一人ひとりの子どもが自分の"思い"を出す」ということです。自分の"思い"を話し合いの俎上にのせてはじめて、話し合いの当事者になることができます。子どもにとっては何に決まるかはさておき、どのように決まるかが結果的に大事なのです。「これにしたい」という思いを言葉にのせてみんなの前に出せば、何に決まったとしても、自分の思いは、言葉になって選択肢の1つとして残っています。だからこそ、自分の意見や思いをまずは出し合うことが大事です。
　といっても4歳児クラスの中には、3歳児クラスのころと違って、自己主張をしなくなるということもあります。自分の思っていることを言葉にしたり、友だちの言っていることを理解したりすることができるようになり、前より言いたいことを言うだけのぶつかり合いは少なくなるように見えますが、自分の思い通りにいかないと、きちんと話をせずにふてくされたり、気持ちの切り替えができなかったりすることもあります。このよう

に、まっすぐに主張することをためらうのは、相手の意図や全体の状況がわかるようになってきたからこそその姿なのでしょう。

「聞く耳」を育てる

　しかし、だからといって、遊ぶ時間を削って延々と思いを出し合うだけの話し合いをしていても保育は楽しくありません。古川さんは、頃合いを見計らって、「お友だちが考えたのを聞いて、それもいいなって思ったものある？」と問いかけています。「それもいいな」と思うこと自体が、自分が選択し決定するという行為によってその場の問題に関与しているということなのです。つまり、相手の意見に耳を傾け、理解して、もっともだと思うこと、つまり「納得」・「了解」するという心の働きを通して、「話し合い」に参加しているわけです。

　みんなの前で意見が出せているかどうかに注目しがちですが、そうした「納得」や「了解」という心の働きができるかどうかということが、まわりとの関係を意識しながら自分の意見をつくっていく４歳の子どもたちにとってはとくに大切です。相手の言葉に耳を傾ける中で、自分の本当の気持ちを確認し、改めて意見をわかりやすく表現できるようになっていくのではないでしょうか。

「待てる」子どもたちに

　11月にグループの名前決めの話し合いを行った柚木武蔵野幼稚園の羽田さんのクラスでは、2月になって、やはりグループごとに、今度は劇の役決めの話し合いを行いました。そのうち1つのグループでは、ゆみちゃんが自分のやりたい役をなかなか決められずにいました。そこで、1回の話し合いで無理に決めてしまわずに、ゆみちゃんに、自分が何をやりたいのかを家で考えてきてもらうことにしました。その翌日の記録です。

　「わたし、考えてこられなかったの」とゆみちゃん。グループの子どもが「じゃ、今考えて」と言うと、「今、考えられないの」と言うので、ひとまずあきらめ、お弁当のあとにもう一度聞くと、「やっぱり決められない」。
　保育者が別に時間をとって聞いてみると「本番で、言葉を言えるか心配」と言います。保育者としては、今やりたくないのに無理に引き出すのはむずかしいしどうしよう……とグループに相談すると、よしきくん「じゃ、やらなくてもいいんじゃない？」。すると、そばでゆみちゃんの様子を見ていたみのるくんが、「でも、やりたい気持ちもあるんでしょ？」とゆみちゃんに聞きます。「うん、やりたい気持ちもある」とうなずきます。そこで保育者が「じゃあ、グループの人、やりたくなったらゆみちゃんどこかに入れてあげてくれる？」と聞くと、一同「いいよ」。ようやく方向性が見えてほっとした顔をする子どもたちでした。

　「決められない」という状態に、羽田さんも子どもたちもじっくりつきあっています。自分も待ってもらえているという確信と安心感が日常的にあるから、子どもたちは待てるのでしょう。この時の話し合いは、1つのグループが話し合っているのを、クラス全体で聞くという形で進めていたそうです。「でも、やりたい気持ちもあるんでしょ？」とゆみちゃんに聞いたみのるくんは、渦中のグループのメンバーではなく、まわりで聞いていた子の一人でした。数日にわけて行われた話し合いの経過やゆみちゃんの様子を、ずっと冷静に見つめていたのでしょう。このように、4歳児クラス後半では、相手の言葉に耳を傾けるだけでなく、その裏側にある気持ちも推し量って考える姿もみられるようになるのです。

❼ グループの名前決めの時とは異なる、劇のために新たに編成されたグループ。30人のクラスを10人ずつの3つのグループにわけた。

❽ 羽田久美子（東京・柚木武蔵野幼稚園）4歳児クラスだより「たのしいな・うれしいな」（2008年2月）より抜粋、子どもの名前は変更。

実践　トラブルは思考と対話のチャンス

　室内で遊んでいた子どもたちに「おもちゃを片づけようね」と保育者が声をかけると、みかは、遊んでいたお人形をままごとコーナーに片づけようとしました。
　そこへ、ブロックコーナーで遊んでいたまりが来て、「わたしが片づけてあげる」とみかの持っていたお人形をひっぱりました。みかは、びっくりした顔で何もいわずに人形をひっぱり返します。
　保育者が「自分で片づけたいの？」とみかに聞くと、みかはうなずいたので、「みかちゃんは自分で片づけたいみたいだよ」とまりに伝えたのですが、まりも「わたしも片づけたいの！」と譲りません。
　お互いに力いっぱいひっぱり合っているうちに、「ブチッ」という音とともにお人形の首がとれてしまいました。びっくりして顔を見合わす２人。
　まわりにいた子どもも、しーんとして２人を見ています。
　保育者が「２人がひっぱったから首がとれちゃったね。お人形さんがかわいそうだから首を直してあげようね」と２人に向かって話しはじめたところで、まりはみかに「ごめんね」と言い、とれた首を保育者に渡し、みかも人形から手を離しました。その後みんなで話し合いをしました。

　　保育者「みんながみかちゃんみたいに片づけようと思ったときに、お友だちに
　　　　　〈手伝ってあげる〉と言われたらどうする？」
　　子ども「手伝ってもらう」
　　子ども「自分で片づけたい」
　　保育者「じゃあ、お友だちに〈手伝ってあげる〉って言ったら、〈いいよ自分で
　　　　　片づけるから〉って言われたらどうする？」
　　子どもたち「うーん」

　ここでしばらくみんな沈黙。

　そのうちひとりの女の子が「あきらめて他のものを片づける」と言うと、「そうだね」「やっぱりぼくもそうする」という声が聞かれはじめました。
　まりも「他のものを手伝ってあげればよかった」と言っていました。

　　　　　　　　　　　（神奈川・Ｂ保育園、４歳児クラス通信より抜粋・編集、子どもの名前は変更）

　この事例で注目したいのは、「ごめんね」のあとで、保育者が、叱るのでも責めるのでも注意するのでもなく、「お友だちに〈手伝ってあげる〉って言ったら、〈いいよ自分で片づけるから〉って言われたらどうする？」などと問いかけているところです。こうすればよかった、ああすればよかったと思いをめぐらし、それを自分の言葉にしたり、相手の言葉を聞いて自分の考えを調整し直したりする子どもたち。まりも、話し合いの最後で「他のものを手伝ってあげればよかった」と、別の選択肢もあったことに気づくことができました。
　「ごめんね」で終わらせていたら、子どもたちが自分で出来事をふり返って、考えをめぐらせる機会は生まれませんでした。多面的に物事をみたり、考え合うチャンスを奪うことのないよう、話し合う場を大事にしていきたいものです。

第3章
子どもの試行錯誤につきあう保育

1 予想外の反応に計画変更

　あつしくんの写し絵づくりを、他の子も楽しむ共同画づくりに発展させていったあけぼの保育園の藤田さんの実践も、とうまくんやひかるくんの葛藤と願いをみんなの関心に広げていっしょに取り組んでいった柚木武蔵野幼稚園の羽田さんの実践も、最初から、年間保育計画に書き込まれていたものではありませんでした。保育目標としては、たとえば「力を合わせて協同的な活動に取り組む」とか、「自分の思いを友だちの前で表現する」とか、「自分自身の課題を意識して取り組む」といったことが掲げられていたりして、その中で実践は展開されています。しかし、具体的な活動そのものは必ずしも、計画的に予定されていたものとはかぎらないのです。

　これらの保育者自身の、「こうしたら楽しいかな」「こうしたらみんなの言葉を支えに本人たちが乗り越えられるんじゃないかな」という判断は、その瞬間の「ひらめき」❾から出発しています。

「ハロウィーンを楽しもう！」のはずが……

　次のC幼稚園の小川房子さんの実践も、そんな「ひらめき」からスタートする実践です。

❾ ここでいう「ひらめき」は単なる「思いつき」ではなく、加藤繁美さんが指摘するように、保育者の中に形成された「保育の哲学、思想、子ども観、発達観、教育観といったすべてのものを含みこみながら、それらを瞬時につなぎ合わせる形で展開されたもの」(『対話的保育カリキュラム　上』ひとなる書房、2007年、40～41頁)です。

運動会を終えた10月下旬。スタンピングをするために各ご家庭から野菜を提供していただきました。ピーマン・ニンジン・オクラ・ジャガイモ・パプリカ……たくさんの野菜の中に、丸ごとのカボチャがありました。そこで、ハロウィーンを楽しもうと思いつき、ランタンにするために使わずにとっておきました。

その日から、子どもたちと楽しくハロウィーンをむかえるための準備をはじめました。ハロウィーンを知り、ランタンをつくる動機づけができるように、『ハロウィーンって なぁに？』など、何冊も絵本を読みました。そして、仮装のための材料もさりげなく保育室においておきました。準備は万全です。いよいよランタンづくりです。カボチャの上を切り取って、子どもたちにカボチャの中を見せながら種をくり抜きました。❿

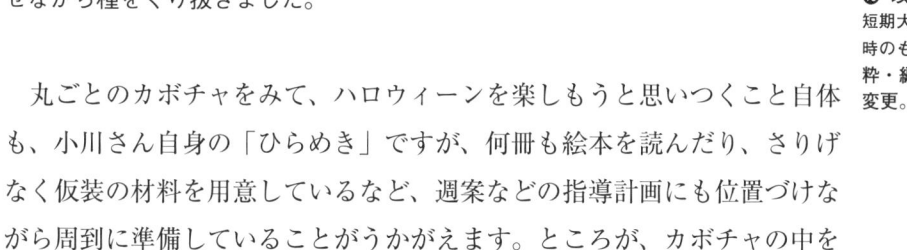

『ハロウィーンって なぁに？』
クリステル・デモワノー 作
中島さおり 訳
主婦の友社、2006年

❿ 以下、小川房子（川口短期大学。実践は幼稚園勤務時のもの）実践記録より抜粋・編集、子どもの名前は変更。

丸ごとのカボチャをみて、ハロウィーンを楽しもうと思いつくこと自体も、小川さん自身の「ひらめき」ですが、何冊も絵本を読んだり、さりげなく仮装の材料を用意しているなど、週案などの指導計画にも位置づけながら周到に準備していることがうかがえます。ところが、カボチャの中をくりぬいた場面で小川さんの予想もつかなかったことが起こるのです。

「カボチャ、どんな顔にする？」。意気揚々と聞く保育者に対して、子どもたちは「それ種？」「全部種？」「そんなにあるの？」……みんなの視線が種に注がれています。子どもたちの興味はランタンではなく、種のほうにいってしまったのです。

しんぺい「先生、種何個あるの？」
保育者「何個かな？　先生数えたことないからなあ……」
たくじ「先生も数えられないくらいたくさんあるの？」
りょうへい「数えたらいいんじゃない？」
保育者「数えてみる？」
みんな「数える!!」

「カボチャのランタンづくり」を楽しもうと思ったら、子どもの興味をひきつけたのは捨てようと思っていた「種」のほうだった——予想外の展開に、一瞬動揺する小川さんですが、すばらしいのはここで子どもたちの目

の輝きを無視することなく、ランタンづくりを延期して、急きょ「カボチャの種」に向き合った点です。

　この時点では「種を数える」という活動がどこまでできるものなのか、おもしろいあそびに発展するものなのか、見当もつかなかったという小川さん。しかし、次のような姿に改めて子どもたちの本気を感じ、取り組んでみようと思ったそうです。

　種の繊維をとるために洗面器に水を張り浸けておくと、それをのぞき込んでは、保育室のあちらこちらで「1、2、3、4、5、……」と数える練習がはじまりました。そんな子どもたちの姿にあそびの発展性を感じ、つきあうことにしました。戸外あそびが大好きなクラスなので、いつもであれば園庭に飛び出して行く子どもたちが、翌日は種の繊維を取ることに夢中です。ようやく洗い終わり、大きなタオルに広げて天日干しして、週末をむかえました。

どうやったら数えられるか?

　そして、いよいよ月曜日、すっかり乾燥した種を数えはじめたものの、これがなかなかうまくいかないのです。

　10までは勢いよく数えるのですが、30あたりになると自信がなくなり、もう一度数え直すことのくり返しでした。そのうえ、「これは23個、こっちは36個、

先生何個？」「先生さっきは何個だっけ？」「これは数えた？　何個？」……なかなか数がわかりません。それでも子どもたちは楽しそうです。

　「それでも子どもたちは楽しそう」と、子どもたちの探究心を感じ取った小川さんは、「数えた種がわかるように数えていない種と分けてみたらどう？」とアドバイスします。

　そこで子どもたちは牛乳パックに入れて数えはじめました。ところが今度は牛乳パックにいくつ入っているのかわからなくなり、何度も数え直し、新たな混乱が起こりました。牛乳パックを「短く切って」というリクエストにもこたえましたが、結果は同じでした。するとだれからとなく「中が見えるほうがいい」「じゃあなんだ？」「ビニール袋は？」ということで、牛乳パックをビニール袋に替えましたが、これもまた結果は同じでした。
　種の数がわかるまでは見守ろうと思い、この週の週案は大幅に変更しました。部分的にはいくつあるかがわかり、子どもたちなりに小さな喜びは感じていたようですが、すっきりしないまま一週間が終わりました。根気強くチャレンジする子、すでに飽きてしまっている子とさまざまです。ハロウィーンも終わったその翌週、保育者が仕上げたランタンは出番のないまま、保育室の片隅で悪戦苦闘の子どもたちを見守っていました。

　ハロウィーンが終わっても、カボチャの種と格闘する子どもたち。しばらくその様子を見守ったあと、小川さんは「同じ数のかたまりを作る」という方法をそれとなく提案します。

保育者「みんなが同じ数だけビニールに入れたらどうかな？」
たくじ「同じ数っていくつ？」
保育者「みんながまちがえないで数えられる数」
みんな（顔を見合わせて）「30？」「12!!」「少ない!!」「……」「オレは100まで数えられる」「みんなだぞっ」
しほ　「先生オニの時、50数えて、10を5回で50だよって言うでしょ。種も10を5回数えたら50なの？」⓫
保育者「そお！　10を5回で50。10を8回なら80。10を10回ならいくつだ

⓫ しほちゃんは、過去の経験に照らして、「オニごっこで数える50という数」と「目の前にある種の個数である50という数」は同じなんだと思い至ります。「順序数」と「集合数」の違いについての理解はこれからですが、この発言は、「数概念」の普遍性に気づいた瞬間と言えるでしょう。

　　　　と思う？」
　　しんぺい・たくじ「100」
　　みんな「10個ずつにしよう‼」

　元気を取り戻した子どもたち。このあと、ビニールより扱いやすいということで、再び切った牛乳パックに入れはじめました。ところがやはり、すでに10個入れた牛乳パックにまた10個入れてしまうなど、混乱は続きます。
　しんぺいくんが「先生、大きな紙に10ずつのお部屋作って」と言いだしました。そこで大きな紙にマスを書き、種を入れていきました。マスに10個入れたら、となりのマスに10個と次々入れていくと、どんどん種が整理されていきます。
　ようやく種の数がわかりました。種は409個ありました。子どもたちは、10を10回で100。100が4回で400。遊びながら10進法を学んだことになります。長い長い道のりでしたが、「なんで？」「どうして？」を一つひとつ解決していく子どもたちは、本当にいい顔をしていました。

「なぜ？」「どうして？」と揺さぶられるおもしろさ

　こうしてようやく、409の種を数え終えるわけですが、誤解のないように強調しておきたいのは、種を数えきることに意味があったわけではありません。小川さんも最後に述べている通り、4歳児クラスの子どもたちが、「なんで？」「どうして？」という「不思議心」からわき起こってくる自らの疑問を、自分たちで考えて工夫する、混乱して困ってしまうけどまた次を考えて試してみる——そうした一喜一憂、心の揺らぎがおもしろいのです。そして、こうした活動は、翌年に同じことをしようと思っても、同じようなドキドキするおもしろさを体験できるとはかぎりません。この実践は、あくまでもこのクラスの子どもたちとの緊張感のある即応的な関係の中で作られた活動だったからです。
　「種を数える」という活動が、きっと子どもたちにとって意味のある楽しい活動になるだろうという「ひらめき」は、子ども自身が「不思議だな」「楽しいな」と思う活動を大事にしていきたいという保育者の保育観と、おもしろさを追究して試行錯誤する子どもたちに最後まで寄り添う保育者の姿勢から生まれたものだったのです。

2　子どもといっしょにつくる劇

「絵本通りに」にしばられる子どもたち

　あつしくんが得意の写し絵を切り抜いたことをきっかけにみんなで共同画づくりを楽しんだあけぼの保育園の藤田さんの4歳児クラスでは、2月の「成長を祝う会」にむけて、1月ごろから話し合いをはじめました。「にんじゃがやりたい」「スイミーがやりたい」など、日頃やっているごっこあそびや絵本の名前などがいろいろと出ましたが、「それは2、3人しか役がないからできないよ」という声もあがり、なかなか決まりませんでした。絵本通りにしないといけないと、かたくなに考えている子どもが多かったからです。しかし、23人というクラスの子どもの数に合う登場人物の多い絵本はそうありません。そんな中、としきくんが、少し前から読み聞かせをしていた『からすのパンやさん』のことを思い出します。

『からすのパンやさん』
かこさとし 絵・文
偕成社、1973年

　としき「からすのパンやさんだったらいろいろな役のからすが出てくるよね」
　みなみ「そうだよ！」
　子どもたち「いいね〜」
　保育者「じゃ〜役を書くよ」（ホワイトボードに書く）
　子どもたち「うわ〜いっぱいいるね〜」（全員で数えてみる）
　みなみ・かの「20人しかいないよ」
　あつし「どうする？　あと3人何をする？」[12]

[12] 以下、藤田朋子（東京・あけぼの保育園）実践記録より抜粋・編集、子どもの名前は変更。

　登場人物の数がクラスの子どもの数と合わないと劇ができないと思っている子どもたち。ある一定の枠組みにあてはまるかどうかで物事を考える傾向のある4歳児ならではの絵本の選び方です。藤田さんは、保育者があらかじめじょうずに調整して提案するのではなく、話し合いの中で配役も含めて考え合っていきたいと考えていました。そこで子どもたちに、まず自分がどの役をやりたいか考えてくるように話します。

すると、次の日、一人ひとりがやりたい役を発表しますが、どうしてもだれもいない役が出てきました。

 保育者「からすのおとうさんがいないね〜」（困ったように話す）
 みずき「じゃ〜オモチちゃんたちも生まれないよ」
 ちはる「パン作れないね〜」
 他の子「あ〜そうだ」
 れお　「パンが作れないとパンやさんできないよ〜」（みんな困った表情になる）
 ゆかり「わたし、おとうさんやる！」とリンゴちゃんをやりたかったゆかり
 　　　　ちゃんが手をあげる。
 みなみ・ちはる・あゆ「おとうさんだから男の子じゃない？」とこだわって言
 　　　　う子どもたち。
 ゆかり「やりたいからいいじゃない」と強く主張する。

他の子に聞くと「いいですよ」とあっさり決まった。

　こんな感じで、なり手のいなかった役も、互いに調整しながら決まっていく一方で、１つの役にやりたい子が集中して取り合いになることもあります。「リンゴちゃん」の役の候補は、ゆかりちゃん以外にも、みなみちゃん、れなちゃん、ちはるちゃん、あゆちゃんと４人もいたのに、あとから、かのちゃんがどうしてもやりたいと主張しはじめました。

 なおや「リンゴちゃんは１人しか決められないよね〜」
 みなみ「５人もいたらおかしいよ。本だって１人だもん」

　なかなか話が進まないので、藤田さんが「他に役が決まっていないところもあるから考えてみて」と言っても、主張するばかりのかのちゃん。すると……

 れな　「わたし消防署の人になる」
 みなみ「消防署の人になる」
 ちはる「オモチちゃんの友だちになる」

あゆ　「救急車の人になる」
　　かの　「ありがとう」
　　れな・みなみ・ちはる・あゆ「どういたしまして」

　こうしてやっと役が決まりました。かのちゃんは一番あとからやりたいと言ったのに、先に希望していた子どもたちが譲ってかのちゃんに決まっていくところは、「それでいいの？」とつっこみを入れたくなる場面ですが、「どうしてもやりたい」という気持ちをみんなの前で言えるということ、そして「早い者勝ち」にせず、友だちの気持ちを聞き合う文化がこのクラスには根づいています。その中で、ああでもないこうでもないと頭の中で、あるいは実際にやりとりし合って試行錯誤する子どもたちを藤田さんは見守っています。
　しかし、このあと消防署の人や救急車の人の役が増えてしまい、ジャンケンで決めようとします。そこですかさず藤田さんは、「みんなでやってもいいんじゃない？」とアドバイス。それには「え〜」と言う子どもたち。
　そこで藤田さんは、絵本通りにやるべきだという子どもたちの意見を聞き入れ、ともかく「劇ごっこ」をはじめます。するとやはりどうしても絵本の中のセリフにこだわりたい子どもも出てきます。

　ひろと「〜おとうさんしかやけないおやつパンだよ」とセリフを言うと、
　かの　「え〜違うよ！　"おとうさんしかやけない、めずらしいおやつパンなんだぞ"だよ！」
　保育者「本通りでなくってもいいんじゃない？　どう思う？」
　つよし「変じゃないよ。いいと思う」
　かえで「だめだよ」
　保育者「どうしたらいいかな？」
　かの　「覚えたほうがいい」
　としき「ぼくはセリフが長いから覚えられない」
　ちはる「わたしも絵本のまま言えない」
　保育者「どうしたらいいかな？」
　みずき「できるだけ覚えたほうがいいけど、本通りに言えないこともあるからいいということにしようよ」

全員が「いい」とは言わなかったが、言葉を変え再度やってみることになった。

動いてみることでわかっていく

　4歳児の劇づくりは、3歳の時に年長児の劇づくりを見た記憶もあまり残っておらず、また5歳児ほど役割あそびの経験も少なく、なかなかむずかしいことも多いようです。発表会などの「本番」に向けては、お客さんが楽しめるように動きや声の大きさなどについて意識していくことが必要だとしても、4歳児の劇づくりにおいては、まずはそのクラスの子どもたちらしい表現方法でやってみるということでよいのではないでしょうか。そのことを通して、一人ひとりの子どもたちが、絵本の世界を楽しみ、テーマに共感し合って、その世界を自分たちなりにわかること、そして、それを自分たちで表現したいという気持ちをふくらませることが、第一の目標だと思うからです。4歳児では、まだまだセリフを正確に覚えながらそのセリフを発する役についての想像力を働かせてなりきっていくのはむずかしく、むしろ、その場その場のセリフまわしで「劇あそび」をたっぷり楽しみながら、劇あそびの中でわき起こる感情を表現するようなセリフを発する、といったことをくり返すことで、だんだん劇にしていくほうが合っているかもしれません。⓭

　藤田さんのクラスでも、絵本のイメージにしばられている子どもたちにつきあい、じっくり話し合いながら配役やセリフを検討しつつも、一方ではセリフや配役は柔軟でよい「劇ごっこ」のような「劇あそび」もくり返していきました。

　子どもたちは、楽しんで「劇あそび」をしているうちに、自分以外の、友だちのセリフも覚えていきます。そして次の場面のように、すすんで友だちの役に立候補する子どもの姿がみられるようになります。

　　1月は、体調を崩す子が多く、休んでしまう子も出てきた。

　　保育者「かのちゃんとゆかりちゃんが休みになってしまったよ。どうする？」
　　ひろと「（ゆかりちゃんの役）ぼくがやるよ！」（ちょっと自信がありそうに言う）
　　保育者「お願いね。かのちゃん役は？」

⓭ ヴィゴツキーは、「想像はいつも現実から与えられた素材によって成り立って」いて、「想像力による創造活動は人間の過去の経験がどれほど豊富で多様であるかに直接依存している」（広瀬信雄訳、福井研介注『新訳版　子どもの想像力と創造』新読書社、2002年）と述べています。私たちは、おとなよりも幼児のほうが想像力が豊富だと思いがちですが、豊かな活動体験があってこそ、イメージの組み合わせで劇あそびも展開できるのです。発想を引き出すためには、まずその発想を生み出す経験の蓄積が必要であり、柔軟に考える精神的土壌が必要なのです。

れな　「わたしやる！」
保育者「お願いね」

　2人とも自分のセリフよりもしっかり覚えていて驚いた。終わってから、休んだ子のかわりをやってみた感想を聞いた。

ひろと・れな「楽しかった！」
かえで「じょうずだったと思う」

　他の子どもたちから拍手が自然に起こった。

　この時の「楽しかった！」という言葉が、他の子どもたちの気持ちも動かしたのではないかとふり返る藤田さん。積極的に代役をやりたがる子どもも多くなり、少しずつ自分でセリフを作って楽しむ姿や、人気のなかった役をやってみたいという子どもの姿がみられるようになってきました。
　4歳児は、物事の因果関係をとらえられるようになってきたからこそ、あくまでもそれに合わせて進めようとする時期です。話し合いの場ではなかなか柔軟に考えることができなくても、このように、実際に動いてやってみて、ときには他の役に入れ替わったりしてみることで、自分の役はもちろんのこと、他の登場人物のことも「体で理解していく」ことができ、それぞれの役割や気持ち、魅力に気づいていくことができるのでしょう。

このクラスの「からすのパンやさん」づくり

　絵本通りに表現しなければとか、決まったセリフや配役通りに練習しなければ、といった固定的な発想から子どもも保育者も解放されていくと、「このクラスのオリジナル」の表現が生まれていきます。
　たとえば、藤田さんと子どもたちは、パンやのおとうさんとおかあさんが登場するページを見ながら話し合います。
　「あかちゃんのお世話をしながら、せっせとお仕事しているね。どんなことを言っているのかなあ」と投げかけると、弟や妹がいる子どもたちから、「あかちゃんたちに、"なんてかわいい子なんだろう"って言っているんじゃ

ない？」「"うれしい"って言っているんじゃない？」と、声があがります。自分たちの経験をもとに、場面の情景を想像して、絵本には書かれていないおかあさんやおとうさんのセリフを考えているのです。

　また、絵本通りにしなくてはいけないという思いが強い子どもたちも、何回か通して劇あそびをしているうちに、緊張してうまくセリフが言えない友だちの姿を見ながら少しずつ変わっていきます。

　セリフがうまく言えず、困った表情をするまさきくん（緊張してしまうと、口がまわらないところがある）。

　保育者「このセリフは（まさきくんには）言いづらいところがあるよね」
　れお　「やっぱり自分の言いやすいように言ったらいいと思う」
　かの　「そうだね～かわいそうだよ」
　ゆたか・ももか・かえで「うん、かわいそう」
　れお　「みんなもドキドキするのは同じだから、がんばろう！」
　はな　「ドキドキして1人では言えないから友だちと言いたい」
　保育者（絵本では1人なんだけど、と思いつつ……）「だれかいっしょにやってくれる？」

　るりちゃんが手をあげ、いっしょにやることになった。

　まさきくんの状況に思いをはせ、「かわいそう」などと言ったかのちゃんやかえでちゃんは、真っ先にセリフを覚えて完璧に言うことができ、相手にもそれを要求していた子どもたちでした。しかし、友だちの姿を見ながら、少しずつ、柔軟な発想で考えられるようになっていきます。みんなそれぞれ苦手なことがある、言いづらいなら言いやすいように台本のほうを変えればいいんだと、クラス全体で劇あそびを積み重ねる中で理解していったのです。じつは、まさきくんの他にも、ドキドキしてうまくセリフを言えなかったり、忘れてしまったりという子どもがいました。だからこそ、れおくんの「みんなもドキドキするのは同じだから、がんばろう！」という言葉にみんなが共感し、はなちゃんの発言も引き出され、受け止められたのでしょう。

劇づくりは、台本通りを目指していけば、セリフを完璧に言うことができる子どもが活躍する場のようになるでしょう。しかし、このクラスの子どもたちのように、一人ひとりがその子らしく表現することを認め、それをお互いにどう支えていくのかを考えるというように、子どもたち自身が、友だちといっしょに劇をつくる主体、考える主体になったとき、「自分たち」に合ったオリジナルの表現をつくりあげていくおもしろさを味わえる取り組みになるのです。

悪戦苦闘を見守る──小道具のカメラができあがるまで

　さて、藤田さんが、劇をもっと楽しくするために必要なものはないかと子どもたちに問いかけると、カメラ、コックさんの帽子、パン、風車など、次々と劇に必要な「小道具」があげられました。そこで、それぞれが自分の役に使うものを作ることになりました。
　カラスのカメラマン役のひろとくんは、首から下げるひものつけ方に苦戦していました。ひろとくんは、荷造り用のひもを、長さを気にすることなくあっさり切って、カメラにする箱にセロテープでつけて頭を通そうとするのですが、短すぎてなかなか頭が入りません。何度か試すうちに、ひもがなくなってしまいます。今度はすずらんテープで挑戦。でも同じやり方なので、頭は入りません。この時点でもうすでに２、３日経過。何重にも重ね貼りされたセロテープがひろとくんの試行錯誤をうかがわせます。しかし藤田さんは手や口は出さず、どうするのかな、と様子を見守っていました。

　すると、あつしくんが気づき、「短いんじゃない？」と言って教えはじめた。今度は、少し長めに切ったすずらんテープを箱につけて、頭を通してみると、ついに頭が入った。でも、まだ短すぎて、顔のすぐ下にカメラが来て苦しそう。保育者も「それじゃあ、カメラできないね」とカメラを構えるジェスチャーをしてみます。見かねて手伝いに加わったあゆちゃんが「頭を入れてから、テープでとめればいいんだよ」と的確なアドバイス。いっしょに何度か試行錯誤した結果、ようやくできあがった。ひろとくんはうれしそうに「ありがとう」と言っていた。

「絵本通り」の本領発揮──白いパンと茶色いパン

　このように、試行錯誤をくり返しながら、子どもたちの小道具づくりが続きます。パンを作る時のやりとりです。

　　保育者　「みんなで作るパンどうやって作る？」
　　かの　　「リンゴちゃんたちとおとうさんが作るパンは白だから……」
　　子どもたち「ねんど？……」（なかなか名前が出ない）
　　保育者　「紙粘土？」
　　子どもたち「それがいい」
　　れお　　「でも焼いたら茶色になるよ」
　　るり　　「色を塗ればいいんじゃない」
　　子どもたち「そうだ〜！」

紙粘土が乾いたら色を塗ることになった。

　絵本をよく見ながら、同じように"パン"や"シェフハット"を作っていく子どもたち。手がこんでいて、"焼く前の白いパン"と"焼いたあとの茶色いパン"と2種類ずつ作られました。それを、「焼けたかな？」とかまどから取り出す時に、早業で茶色いパンに取り換えて、お客さんには、"焼き立てパン"を見せることを思いついたのも子どもたちです。
　平行して作っていた"かまど"も、絵本そっくりの会心のできあがりに。「やっぱりパンやかまどがあると、何をしているか、わかっていいね〜」「そうだね〜」と言い合って喜んでいる子どもたちでした。
　絵本通りにこだわるこのクラスの子どもたちの特徴がよくあらわれたエピソードですが、絵本に忠実だからこそ細部に工夫のある劇になったともいえます。子どもたちは、この劇の取り組みを通して、4歳児らしい固定的な見方にしばられず、柔軟な発想で物事を見る見方を獲得していく一方で、まわりの状況の中で物事を鮮明にとらえることができるようになるという、4歳児ならではの「リアリティを追究していく力」を、存分に発揮していったのです。

好評につきアンコール公演──劇づくりから劇場づくりへ

　さて、本番では、全員そろって、生きいきとした劇を見せることができた子どもたち。どの子も楽しそうに、セリフをしゃべっていました。そして、その後、乳児クラスの保育者から「劇、見ていないからもう1度やって」「カラスのパンやさん、もう1度見たい」とリクエストを受けます。すぐに話し合いがはじまりました。
　藤田さんがホワイトボードに、見ていないおとなや見ていないクラス、見たけどもう1度見たいクラスなど、招待する人数を書き出していきます。

　子ども　「わ～こんなにいるんだ」
　保育者　「いつ呼ぶの？」
　みずき　「なにもない日（行事がない日ということ）がいいね～」
　れお　　「こんなにいるから1日だけではできないね」
　他の子　「うん」「ホールに入れなくなる」
　保育者　「じゃ～予定を見てくるね」

　こうして、4歳児クラスだけで、2日間に分けて観劇会をすることになりました。

チケットってなに？──互いの知識とワザを持ち寄る

　そしてどうやってみんなを招待するかということについての話になった時、としきくんがひらめきました。

　保育者　「どうやって呼ぶことにする？」
　子ども　「紙に書けばいい」
　としき　「チケットにする」
　他の子　「チケットってなに？」

　すると、たまたまスキーに行ってきたばかりの子どもが、そのときの「一日券」がカバンの中にあることを思い出して、「これだよ」と出してきま

した。それを見て、何かを思いついた子どもたち。ひらめいたことを次々に話しはじめます。

  るり 「映画を見る時にもチケット出すよ」
  保育者「るりちゃん映画を見に行った時、何がチケットに書いてあった？」
  るり 「映画の名前」
  としき「そうだよ！　そして切ったんだ」
  保育者「どこを？」
  としき「点々の線がついているところ」
  保育者「他は？」
  としき「日にちと時間」
  他の子　感心して「お〜」と声をあげる
  ひろと「作ってみよう」
  としき「名前を書くから紙を長く（するん）だよ」
  るり 「そこに……」
  子どもたち「できた!!」
  保育者「劇の名前を書こうね」
  けんた「書けない」
  保育者「どうして？」
  みずき「細いからだ」と気づく。
  保育者「じゃ〜どんな幅にしたらいい？」
  るり・あゆ「この紙を半分にしたら？」
  としき「書けるよ」

　劇の名前、時間、日にちを書きはじめた。おとなが書いた文字の見本を見ながら書いたり、友だちにできないところを手伝ってもらいながら作った。

  女の子たち「ここ（点線の反対側）にカラスの絵を描いたら？」
  他の子「いいね〜」

　さっそく絵本を見ながら描いていた。

まさき「描けない」
あつし「絵を写して描くとできるよ」（と、となりに座ってやり方を教えはじめる。写し絵なら大得意のあつしくん！）

　ほどよい幅にまっすぐ切ることは、なかなかむずかしい。でもなにせ呼びたい人数が多いので、何日もかかってたくさん作る。一回紙を折って、折り線を切ることでまっすぐ切ったりと、工夫する子もみられた。

　さらに子どもたちは、劇場には、チケットを切る人や、会場を案内する人、司会をする人がいることを確認し合い、やりたいものをジャンケンで決めていきます。会場案内係は、「こちらに座ってください」「出口はこちらです」とやさしい声で言うこと、司会は、はじめる前に手あそびをすること、「これからはじめます」「これで終わります」と言うことなどを子どもたち同士で話し合って決めました。
　こうして、劇づくりをする中で育ってきた「参加・参画する力」——仲間とイメージを共有する力、話し合い意見をすり合わせる力、試行錯誤しながら考える力——は、劇を実際に見せたことで大きな自信につながり、今度は、劇を見せるための劇場づくりを行っていく力につながり、花開いていきました。

③ お散歩大作戦！

　心も体も解放される散歩。なんの変哲のない道でも、仲間と歩けば、何かおもしろいことが起こるものです。しかし、どの子も散歩が大好き、というわけではないようで……

歩くのかったるい!?

　空気も冷たくなってきたある日。D保育園の４歳児クラスでは、担任の高見亮平さんが「散歩に行こう」と子どもたちに声をかけると、「え〜」「かったるい〜」「いくの〜」と、子どもとは思えない反応の連発！　子ども自身が楽しいかどうかが大事だと感じた高見さんは、子どもたち自身が選ぶ場面をつくってみたらどう反応するだろうかと、"選択散歩"を試みます。

＊選択散歩の旅に出発〜！
　雨があがったタイミングをみて"歩く"散歩に出かけました。分かれ道に出るたびに「どっちに進む？」と考え、せーの！　で行きたい方向を指さしで決めていき、どんどん進みます。いつもの道、はじめて通る狭い道……歩くだけで子どもたちは楽しそうに大盛り上がりです。（中略）
　くねくね歩いていくとなんと中央公園の裏側に行き着き「おー！」「こんなとこにつながっていたのかよー」と驚きの発見も！　５分のみオニごっこで遊び、再出発！　しかし、雨＋時間切れになり水道局前で終了。このつづきをここからまたやりたい！　と言うので、次回、選択散歩をまた楽しみたいと思います。今日、選択した回数は18回!!　でした〜！[14]

　"選択散歩"の取り組みは、公園までのプロセスにワクワクドキドキ感をわき起こさせ、散歩への意識の変化が出てくるのですが、それでも、てくてく歩くということ自体が苦手な子もいるのが事実。年明けの１月25日にはこんな話し合いが行われます。

[14] 高見亮平（東京・D保育園）４歳児クラス2012年12月４日付の「今日の子どもたち」より抜粋、以下同様に「今日の子どもたち」より抜粋、子どもの名前は変更。

散歩かホールかとことん話し合う

　今日は久々の晴れ。予定表には散歩かホールと書かれていて、子どもたちは、朝から「散歩がいい」と「ホールがいい」に分かれていました。これはおもしろい！　と思い、散歩チーム、ホールチームに分かれて話し合い、決めることにしました。（ホールチームの子は名前の下に下線）

　保育者「じゃあ、今日の一日が決まる話だからよく聞いてね。まずは……散歩
　　　　　チームに聞くよ？　どうして散歩がいいですか？」
　こうが「だってグラウンド行ったらいっぱいサッカーできるし」
　保育者「じゃあ、ホールチーム、どうしてホールがいいですか？」
　かずや「だってしまわたりとか、オセロとか、なつかしいゲームやりたい」
　保育者「散歩チームどうする？」
　けいた「はい！　だって、しずくちゃんとかかおりちゃんとか……いづみちゃ
　　　　　んとあすかちゃんで遊びたいから」
　保育者「お友だちと遊びたいんだね。ホールチーム何かある？」
　かほ　「はい！……うんっと……氷オニができるから」
　こうが「えっ!?……氷オニはお外でもできる！　でしょ」
　えいた「でも、ホールで氷オニやったことないよ」
　さつき「はい！　ホールでだるまさん転んだとかやりたいから」
　保育者「散歩チームどうだい？」
　こうが「あのね、ホールより公園のほうが広いんだよ」
　いづみ「なんでもできる、広いから」
　かずや「ホールだったら、しっぽとりとかできる」
　こうが「しっぽとり、グラウンドでもできる」
　保育者「なるほどねぇ。じゃあ、この話をして、ホールより散歩のほうがいい
　　　　　なーと思った人は、散歩チームの所に移動してください。散歩から
　　　　　ホールに考え変わった人も移動してください」

　かなこちゃんとさつきちゃんが、ホールチームから散歩チームに移動。

保育者「お、散歩チーム増えた。ホールチーム、それでもホールがいいと思うのはナゼ?」
あらた「楽しいからに決まってる!」
こうが「お外だって楽しいじゃん」
かおり「うん、散歩楽しいよ」
保育者「ホールチームどう?」
かんな「歩くの大変なんだよね」
かほ 「かほちゃんだって!」
かずや「かずやもー」
ゆみこ「晴れてるから、暑いしね」
こうが「えっ? え!? 暑くないよ、今日ね、ちょっとだけ寒いよ」
きょうた「そうそう、寒い時は気持ちがいい」
保育者「さあ、どうしよー。じゃあ、こういうのはどう? ホールはいつでも行けるけど、散歩はいつでも行けないよね」
かほ 「ホールはさ、いつでも行けるけどさ、ひよこ(0歳児クラスの子)がいたら行けない。散歩だってホールだって行けないよ」
保育者「たしかに」
さとし「どっちもダメかー」
　　　(中略)

　ホール派も散歩派も、"楽しいことはしたい"という気持ちは共通のようです。それにしても、この時期の4歳児クラスの子どもたちが、自分の意見を理由もつけてきわめて論理的に述べているのには驚くばかりです。
　ところが、議論を続けているうちに、散歩に行きたい理由を力説していたこうがくんたち散歩チームの、ホールチームへのまさかの大量移動が起きます。

保育者「じゃあ移動した人に聞くね! おさむくん、どうして移動したの?」
おさむ「あのね、うんとね、え～っと……」
保育者「じゃあ、こうがくんは?」
こうが「あのねーぜったい……やっぱり散歩だと歩くの大変だから」
なえ 「なえは、ドキドキドッチボールしたくなったから」

じゅん「歩くのいやだから」
　　　　　（中略）
保育者「あらまー、そんなに歩きたくないのかなあ」
　　　　　（中略）
　　こうが「あのね、お外だと玉入れができない！」
保育者「たしかにそうだった。なんでもグラウンドでできるわけじゃないねー」
　　えいた「あのさ、前にやったさ、フーセンとかもやりたい」
保育者「あら、フーセンもやりたくなっちゃった？　フーセンは外では無理だもんね」

　ここまで読んでくると、「歩くの大変というけれど、あそびで走りまわるのと変わらないでしょ」などと、つっこみたくなってしまいます。しかし、高見さんは、子どもたちが自分で納得して決めるということを大事にしているので、動じません。子どもの発言に筋が通っていれば、一つひとつ、「たしかに」ときちんと受け止めています。

保育者「じゃあ、ここらへんで決めよう。しまわたりとか、氷オニとかだるまさん、しっぽとりとか、やりたいあそびがたくさん出てきたけど、これだけならグラウンドでもいいと思ってた。でも、ホールじゃなきゃできないあそびも出てきた。すべてをやりたいならホールかな。だけど散歩チームは今日はガマンしてホールに行かなくちゃならないから、今度の時は、ホールチームは歩くのもガマンして散歩に行く。こういうことで散歩チームどうですか？」

　散歩チーム（いくみ、あすか、かおり、しずく、なえ、きょうた、かなこ）は、しかたがないとうなずく。

保育者「ありがとうございます」

保育園のまわりの公園を制覇したい

　こうして子どもたちはホールに移動し、やりたいあそびをたくさんやっ

て大満足だったのですが、しかし、昼食時には、「今さらだけど、やっぱり散歩にすればよかった」というつぶやきも。理由を聞くと、「ホールだと速く走れないから負けちゃったんだよな」と。そんな思いを感じながら、なんとか他の子どもたちにも散歩の楽しさを知ってもらいたいなと思っていた高見さん、翌月の2月20日、そのチャンスがめぐってきます。

　今日は、長光寺橋公園に行く予定でしたが、朝、おさむくんが、「谷原児童公園に行きたいなあ、おねえちゃんが行きたいって言ったら行けたんだってさ。いいなあ」とぶつぶつ……。「そこまでの道のり知ってるの？　みんなを連れて行ってくれるんなら行ってみてもいいけど」と話すと、「知ってる！　だってね、あのね……‼」と自信満々だったので、集まりでその旨みんなに伝えて、地図を見て場所を確認。他にも行ったことのない公園がいっぱいあり、3月中にすべてを制覇しようということにもなり、「さんぽあそびまくりだいさくせんだね」（かずやくん命名）が本日より始動しました（笑）。

　（中略）

　目的地までしっかりと誘導してくれて、途中「ここの家は〇〇さん」「この前キュウリくれた」とかプチ情報も教えてくれたおさむくんに、「いいなぁ、キュウリほしいなぁ」「オレはいい。家にキュウリあるし！」とうらやましがったり子どもらしいかわいい姿もいっぱいでした。

　そして着いた公園にみんな目がキラキラ！　とーっても広くてミニアスレチック的な遊具もあり、たっぷり一時間遊び込んできました。帰り際、公園を教えてくれたおさむくんにみんなが「ありがとう」と言うと、いわゆる「どや顔」で「どういたしましてっ‼」と返事をするおさむくんなのでした（笑）。

　朝からぶつぶつ言っていたおさむくんの小さな声をキャッチした高見さんは、"それはおもしろくなりそうだ"とひらめいて、「そんなに行きたいならみんなに相談してみようか？」とこたえています。さっそく地図を開いてみんなで確認してみると、けっこう遠い。保育者も"行けるかな"という不安と新しいことに挑戦する子どもたちの様子を見てみたいという期待とが入りまじる瞬間でした。

　ただ、この散歩がいつもの散歩と違ったのは、"自分が行きたいから行く散歩"ということだけではなく、みんなを安全に案内するという役割を持

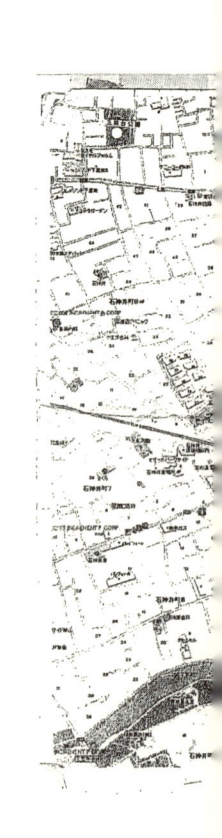

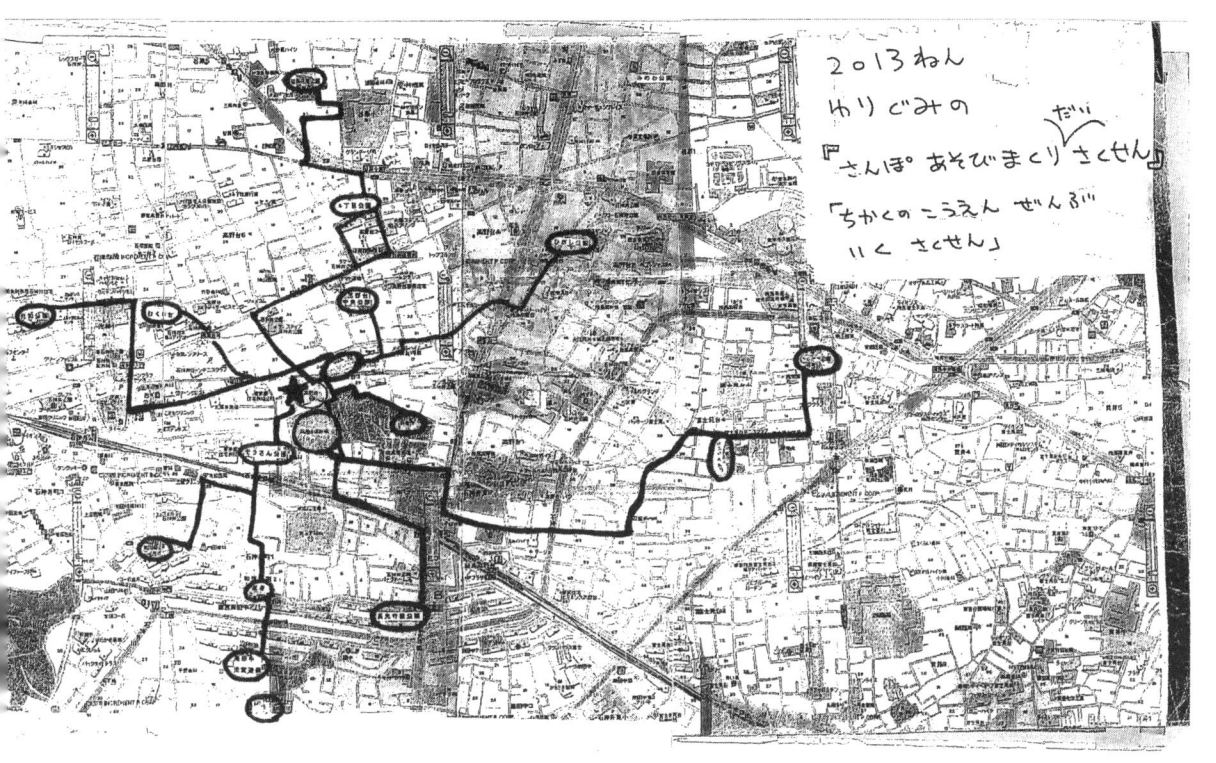

子どもの試行錯誤につきあう保育 ●第3章

[地図画像：2013ねん ゆりぐみの『さんぽ あそびまくりだいさくせん』「ちかくの こうえん ぜんぶ いく さくせん」]

つことに同意したおさむくんが、"友だちをリードし、公園にたどり着くまで責任もって案内するという散歩"だったということです。

未知と既知がつながる喜び

だからこそおさむくんは、行きたいと言い出したら、本当に行けたことがうれしくて、道々得意げに「この前キュウリくれた」と妙にくわしいガイドをして、みんなを喜ばせています。他の子どもたちも、歩いていくうちに、記憶と場所がつながっていったのか、「あ、わかった」「あそこの公園かあ」「知ってるー」と声をあげています。「知らない世界」と「知っている世界」がつながっていく喜びを感じているのです。

園に帰ってから、再度、地図を広げて、たった今行ってきた公園の場所を確認し合います。「ここをこう行って、こう帰ってきたんだよ」「こんなに遠くまで行ったんだね〜」と黄色いラインマーカーで線を引きながら盛り上がっていると、子どもたちが、地図の中の、公園のマークに気がつきはじめます。

「さんぽあそびまくりだいさくせん」の地図（実際使用していたもの を25％縮小）。中央の★印が保育園、○で囲ってある場所が公園。園と公園を結ぶ太線は、実際は色マーカーで歩いたルートをなぞっていた部分です。

「公園ってここにもあるよ。あ、ここにも」「ここは、グラウンドでしょ。ここは、ぞうさん公園でしょ」「ここはいつも行ってる中央公園でしょ」「ここは？」「ここも行ってみようよ」「ここも行きたい」と、地図の中のマークを手がかりに次々と公園を見つけ出す子どもたち。

地域の中で生きている子どもたちが、地図を使って、「未知の世界」を探険し、広げていくことは、文字通り自分の世界を広げていくことになります。また、自分が今どこにいるのかを知ることは、社会の中で主体的に生きていくうえで最初の一歩になるのでしょう。

まさかの迷子？

ところが、「さんぽあそびまくりだいさくせん」の２回目の取り組みで、早くもトラブル発生！　先頭を歩く子どもが逆方向に行こうとします。"あれ？"と思いながらついていくと、なんと案内係の自宅でした。「おうちからじゃないとわからないの！」という子どもに保育者は大笑い。子どもたちは、「既知の世界」を足がかりに、「未知の世界」に飛び出していくのだと改めて認識させられます。

３回目のひがし公園編（２月26日）が、次の記録です。

今日の案内人は、かなこちゃん、さつきちゃん、いづみちゃんの３人。（この３人は）下見ずみということで、今回はハプニングなしかぁと思って出発すると、あら？　あら？　と逆方向へ。まちがっているのか、再び（自分の）家経由なのかと思っていたら、順天堂病院前でかなこちゃんが一言。「まいごになっちゃった……」。これはさすがに笑ってしまいました。

「大丈夫！　今日は地図もってきてるから！」とすぐ確認すると、「あっこっちだ。戻んなきゃ！」とよく気がつきました！　そこからは、ひがし公園までバッチリ案内してくれました。

こんなハプニングもものともせず、「ここも行きたい」「あ、そこも」「富士見台公園も行きたい」「そこは遠いよ」と子どもたちと話し合いながら、次々と公園に出かけていきます。いよいよ４歳児クラスも残りわずかとなった３月21日の記録です。

おととい、子どもたちと「さんぽあそびまくりだいさくせん」の話し合いをしました。『残り２回だから、もう１度行きたい公園でもいいよ？』と伝えると、「じゃあ１回は新しい公園で、もう１回は前に行ったとこにしよう」と一人の子どもが提案。みんなも賛成して、最終回には、まだ行ったことのない「みのわ公園」に行くことに決定。もう１つは、ひがし公園派と光和公園派に分かれました。「ジャンケンで決めようよ！」という子にみんな同意。「ぜーったい、文句なしだよ！」と念をおして、全面対決。言うまでもなく盛り上がりましたが、なんと結果は14対14の同点！　奇跡！　代表戦にもつれ込み、勝ったのは光和公園！　明日はそこへ行ってきまーす！

思いを実現していく経験

　こうして、地図に載っていた園のまわりの公園を本当に全部制覇し、ゆり組の「さんぽあそびまくりだいさくせん」が完結しました。「散歩、かったるい」と言っていた子どもたちの姿からは想像もつかない展開でした。
　子ども自身が、自分から言い出したことが取り上げられ、みんなの中で実現した、という経験をここでつくりだしたことは、画期的なことでした。
　「ひとりの子どもが言ってきたことを実現させる」という選択をするのは、保育者にとっては勇気がいることかもしれません。「保育の展開が見通せない中で、実現させてしまっていいのだろうか？」「子どもたちが別々にやりたいことを主張しはじめたら収拾がつかなくなるのではないか？」と不安になるからです。子どもに見えないところに保育者の苦労があるということも事実です。高見さんも、子どもの希望を実現するために、念入りに下見をしたり、他クラスと調整したり、管理職と交渉したりするなど条件を整える努力をしています。しかし、子どものつぶやきや発想の前を素通りしないで耳を傾けていくからこそ、子どもは主体的に保育に参画していくことができるのです。だれかが別のことを言ってきたら、どうしたらよいか他の子どもたちにも聞いてみるという方法もあるでしょう。楽しいことをみんなで共有することで、クラスの物語はつくりだされるのです。

第4章
課業とあそびのいい関係

① モノと自由に出会い探究する

　紙工作や描画、音楽、リズムといった課業的な活動は、4歳の子どもたちにとって、探究心や感動をかきたてるモノや文化との出会いや、友だちとの協同的な活動を生み出していくものとして重要なものです。
　たとえば、さまざまな制作活動においては、4歳児は、ただモノを加工するというだけではなく、それまでに培った思考力と想像力を駆使して、新たなモノを自分の頭でイメージして作っていくことができるようになります。そうした経験を保障していく活動の一つとして、ここでは「紙工作」を取り上げてみましょう。

必然性とイメージが伝わる「導入」になっているか

　「紙工作」のような活動は、あそびを中心とした総合的な活動の中に位置づけられて行われている園もあれば、「課業」として取り組んでいる園もあるでしょう。いずれの場合も、保育者が一方的に進める活動ではなく、子どもにとって楽しく必然性の感じられる活動になっていれば、課業的な活動は、あそびや生活と自然な形で連関していきます。
　しかし実際の実践の展開では、まさに、子どもにとっての必然性とは何

か、子どもの自由な発想を大事にするにはどうしたらいいのか、「課業」の位置づけと日常のあそびや生活全体との関係をどう考えるのかなどと、「子どもとつくる保育」を大事にしようと思えば思うほど、一筋縄ではいかないのが「課業」ではないでしょうか。

たとえば、「買い物バッグを作る」という実践の場合、子どもたち自身が「作りたい！」と思えるような必然性があるかどうかが問われます。「お店屋さんに行ったことあるかな？」「お店屋さんに行くと、みんなのおうちでもいろいろなもの買うよね」「今度お店屋さんを年長さんがするんだって」「買い物バッグ持って買いに行こうか」というような、子どもたちが"それは必要だ""どうしても作りたい"という気持ちになれるような導入をていねいに考えていく必要があるでしょう。

さらに、実際に制作活動を進めるにあたっては、素材や道具の使い方や手順をどう伝えるかも実践上のポイントになります。

和光鶴川幼稚園の進藤真帆さんが、紙工作で花瓶を作っていた時、底の部分を丸く切って、のりしろ（進藤さんはこの部分を「たこ足」と説明していました）を作って広げていったら、はるかちゃんが、「うわぁ～っ！　ひまわりだね、ひまわり！」と言いました。のりしろが花びらのように切られているので、本当に、ひまわりのようです。見ていた子どもたちも「ほんとだー、ひまわりだ」と、この言葉がキーワードとしてクラスの中に定着しました。実際に作りはじめてからも、「あれーっ、ひまわりの花びら、切れちゃったよ」「花びらに１枚ずつのりつけるんだよ」などと、子どもたちは「ひまわり」や「花びら」を、"自分たちの言葉"として使っていました。

このように、必ずしも保育者がすべてを準備し説明しなくても、子どもたち自身が、自分たちの感覚にピッタリとはまる言葉を見つけ出してくることがあるのが、４歳児クラスならではの展開です。

教えるべきか、見守るべきか──お財布づくり

５月末の保育参観で「肩掛けカバンづくり」を行うことにしていた進藤さん。そのことも見通して、５月８日、はじめての紙工作で「お財布づくり」に取り組みます。

自分の席にお財布用の紙が配られると「できないー」と半べそのまゆちゃん。普段から、お弁当が少し残ったり、オニごっこでタッチされたりすると、「ムリー！」が口癖でした。でも、はじめだけちょっと手伝うと「自分でできる！」と。できあがったお財布を手に、「できないと思ってたけどできちゃったー‼」と満面の笑みでした。この後もまゆちゃんは紙工作のたびに「できないと思ってたけどできちゃったー」と言って、自分でできた喜びが自信につながっていったようです。

　お財布を折る途中で、紙を裏返すのを忘れて、途中で"あれ？　なんかちがう……"と手が止まったなおきくん。なおきくんだけに個別に伝えるかどうか一瞬迷いましたが、他の子にかかわっていたこともあって、全体に向けて「わからなくなったら、となりの友だちのを見てみるといいよ」と言いました。なおきくんはとなりのはやとくんを見ました。はやとくんは保育者の説明とは違う折り方をしていましたが、まったく疑問を持っていない様子。

　そこで、はやとくんとなおきくんに「これはね、こっち向きに折ると、ほら……ここがポケットになるでしょ？」と教えました。"あっそうか！　わかった！"という顔のなおきくんと、"……なんで？"とあまりうれしそうではない顔のはやとくん。はやとくんは困っていたわけではなく、自分なりに進めていたのに、先生が急に入ってきて"なんだ？"と思ったのでしょう。

　はやとくんが"あれ？"と自分で思えるときまで、見守りながら待てばよかったかな……、困っていたなおきくんにだけ伝えたら、なおきくんがはやとくんに伝えただろうか……とあとで思いました。⓯

❺ 以下、進藤真帆（東京・和光鶴川幼稚園）4歳児クラス実践記録「1学期の紙工作の実践を通して──子どものひらめき・つまづき・発見を共有しながら」(2009年）より抜粋・編集、子どもの名前は変更。

無地の紙を渡してみたら──チケットづくり

　できる喜びを味わって自信をつけてほしいという願いからていねいに声

をかける進藤さん。しかし、続く「チケットづくり」では、保育者の用意周到な準備や説明とは別のところで、子どもたちが自ら発見していく姿がありました。

　お財布ができあがった子から、チケットづくりにうつります。じつはこのチケットづくり、計画の段階では、あらかじめお金と電車の切符のプリントがしてあるものを配ろうと計画していました。しかし、前日の職員会議での議論──「作ったものでの遊び方まで規定してしまうのはなぜ？」という意見を受け、白い無地の紙のまま渡してみることにしました。
　"仮面ライダーショーのチケット"と"プリキュアのショー"を作った子たちは、いすを並べてショーをはじめました。チケットには仮面ライダーの顔が描いてあるわけでもありません。緑色の●印があるだけ。それだけですっかりその気になっていました。お金や切符のプリントがしてあるほうがあそびが盛り上がるだろう、という私の思いと、実際の子どもの姿は違っていました。
　おにぎりやお弁当の絵を描いたチケットを持って、おままごとコーナーではレストランごっこが盛り上がっていました。お花券を作ったまゆちゃんは「お花と交換してあげる」……そこからお花も作りたくなって「先生、お花ってどうやって作るの？」と聞いてきました。
　その間も、自分で描いたチケットを見てほしくて、話したくて……次々に見せにやってくる子どもたち。教室のあちらこちらで、ずいぶんと長い時間、あそびが展開されていました。
　お弁当のあとも、「先生、またお財布作りたい」と言ってくる子たちが何人もいました。大小さまざまな大きさの紙を出すと、子どもたちはいくつもいろんな大きさのお財布を作っていました。"いくつも作る中で、どんどんおもしろくなっていくんだな……"と実感した午後でした。

　数字や文字を印刷しておいた紙を切り抜いて遊ぶほうが、より「本物」っぽくて盛り上がるに違いないという進藤さんの予想に反して、「ショー」のチケットや食券、お花券など、さまざまなものにみたて、目をキラキラさせてごっこあそびを楽しむ子どもたち。自分で作ったチケットを見てほしくて次々に見せに来る子どもたちの姿は、自分のイメージを広げて作って遊ぶことがどれだけ楽しいことなのかを教えてくれます。

横もあれば縦もある——袋づくり

　4日後の「紙工作」では、袋づくりに取り組みました。

　B4の紙を横に使って、のりしろを作り、底を折って作る袋。作り方の説明をするとき、私は何の迷いもなく紙を横に使って説明しました。
　みんなで作りはじめると、つとむくんは紙を縦に置いて、折りはじめました。"どうなるかな……？"と思って見ていると、長いのりしろに何度ものりを塗って伸ばし、縦長袋を作り上げました。夢中で作っていて、自分の袋はまわりの友だちとは違う形だということに気がついていない様子です。
　私が「みてみて！　つとむくんの袋、細長いよ」と話すと、みんなは"同じ紙で作ったのにどうして!?"と不思議な顔です。「すごーい！　つとむくんみたいなの、作りたい！」「先生、もう1枚紙おかわり！」と、みんながつとむくんの袋に注目しました。つとむくんはそこではじめて、自分だけ違う袋を作ったことに気がつき、ちょっとびっくりしたあと、得意げな顔をしていました。そこから、2枚目、3枚目はほとんどの子どもたちが縦長の袋を作りはじめました。

　このときの保育を、進藤さんは次のようにふり返っています。

　私は、つとむくんが紙を縦に置いたとき、「ちがうよ、こうだよ」と紙の向きを直さなくてよかった、と思いました。これまでの私だったら、自分が示した見本（説明）通りに作らせること、まちがいなく失敗なく作らせることに一生懸命になっていたかもしれません。でも、このときは、"もしかしたらこれはおもしろいことになるかも!?"という勘がありました。

次々生まれる新しいアイデアと新しいあそび

　はたして、この「勘」はズバリ的中します。

　こたろうくんとこうじくんは「先生、外でお相撲してくるね」と両手に細長い袋をはめて（手の絵が描いてある）外へ。破れると「今度は最強の、作る！」と何

度も作りに教室へ戻ってきます。

　あきらくんは細長い袋を頭にのせて、「コックさんのぼうしだよ〜」と。「先生、明日はもっと大きな紙持ってきて！」と言われました。次の日、新聞紙を持っていくと、横長袋を頭にはめ、縦長袋２枚を両手にはめ、こたろうくんは「ほら、コウモリだよ〜」と花組（３歳児クラス）の教室へ。花組の先生に、「目のところ、穴を開けたら？」と言われ、指で穴を開けると、そこからおばけごっこがはじまりました。

　新聞紙で作ってみると、予期しないところに広告が出てくるのもおもしろかったようです。ちゆちゃんとえみかちゃんの作った袋には、たまたまおせんべいの写真が出てきて、「おせんべいですよ〜」ととなりのクラスに売りにいっていました。

　くり返し何度も何度も袋を作るうち、のりしろの幅を変化させて、違う大きさの袋ができあがることに気がついたさきちゃん。入れ子のように、袋の中にまた袋、その中にまた袋……と大きさを変えて作っていました。

　「同じ紙で折っても、折り方が違うと、違う形になる」——一見失敗につながりそうなつとむくんの発見を、「おもしろいね」と評価することで、つとむくんに自信をつけさせるとともに、他の子どもたちの活動も発展していきました。そしてそれは、保育者の見本とは異なる「細長い」袋だったからこそ、腕にはめたり、頭にのせたりと、愉快な「活用法」が生まれました。大きさの異なる紙や広告が入っている新聞など、材料のバリエーションが広がるとともに、子どもたちが考え出すデザインや遊び方も斬新になっていきます。そうやってくり返し作っていくうちに、「のりしろ」の幅を変えることで、仕上がりの大きさを変えられることに気づき、ついには「入れ子」の作り方を発見したさきちゃん。袋づくりの勘どころを的確に習得していました。紙工作という「課業」が、おとなから与えられた活動ではなく、子ども自身のものとなったとき、あそびとの境界は消えて、子どもの頭と体を確実に育んでいくものとなるのでしょう。

"つまずき"を否定的に見ない

　先が見えない保育というのはつらいものです。とくに経験の浅い保育者

や、はじめて幼児クラスを担当する保育者は、子どもの行動が読めなくて、保育の見通しが立てられないということがあるかもしれません。
　進藤さんも、保育の見通しを持てないことに不安を感じ、なるべく子どもが「困らないように」していたと言います。そして、「失敗」や「つまずき」をしても、「大丈夫、大丈夫」というメッセージを伝えなければ、とあせっていたそうです。しかし、一連の紙工作の取り組みを通して、次のように進藤さん自身が変わっていくのです。

　この１学期の紙工作を経て、作る工程で子どもがつまずいたとき、その"つまずき"を子ども自身は"いけないこと"や"失敗"とは感じてはいないのかもしれない……と思うようになりました。そこには、"なぜかな？""どうしてそうなったのかな？"と保育者もいっしょにひもといて（時にはいっしょにやり直して）いく中に、"あぁそうか！"という発見とわかっていく喜びがあるのではないか……と。そして"○○ちゃんはこんなふうに考えて、それでこうなったんだ"とみんなで理解することは、自分とは違う考えや、その人そのものを理解することにもつながっているのではないか……と。
　「子どものつまずきを大事に」……と先輩から聞かされていた言葉を、私の中で実感をともなって感じられたのは今年がはじめてのことでした。

　たしかに４歳の子どもたちは、まわりを見る目や思考力が発達するからこそ、「出来ばえ」を気にして、「失敗」を恐れるようになります。しかし、保育者自身が、自分が用意していた「やり方」と違うことをはじめる子どものことをおもしろがり、その自由な発想の魅力を他の子どもたちとも共有していくような保育を展開していけば、子どもは必ずしも「失敗」をマイナスとは感じないのではないでしょうか。むしろ、「失敗」や「つまずき」を契機に、「因果関係」や「違い」をわかろうとする４歳児らしい思考力が、豊かな「モノ」とのかかわりや多様な人間理解を生み出す原動力としてのびのびと発揮されていくのです。４歳の子どもたちが秘めているそんなすてきな可能性に気づかせてくれる実践です。

2　集団あそびとわらべうたの相乗効果

　次は、安心できる心地よいクラスづくりにおける、課業とあそびとの関係を見ていきましょう。
　E保育園の橋村志帆さんと中島琢也さんは、はじめて4歳児クラスうさぎ組（25人）を受け持つことになった保育歴5年目と4年目の若い保育者です。4月当初は、落ち着きがなく動きまわったり、友だちを思うように動かしたくてたたいたり暴言を吐いたりする子どもの多さにとまどう日々でした。中でも、ふうやくんは、不快なことがあると「バカ」「ブー」と唾を吐いたり、たたいたり、物を投げたりする姿がありました。もう一人、なつきちゃんの様子も、保育者は気になっていました。のぞみちゃんが大好きななつきちゃんは、のぞみちゃんを独占したくていきなり大声を出したり、他の子と遊ぼうとするのぞみちゃんの顔をつねったりする姿が見られ、他の子どもたちにも緊張が走ります。

みんながつながる楽しさを

　「個々の子どもの問題にていねいに目を向けた保育をしてほしい」と保護者からも要求された保育者たちは、こう考えました。トラブルを回避しようと思うと、個々が好きなあそび、落ち着いた静かなあそびをすることを思いつくけれど、このクラスに必要なのは一人ひとりが楽しいと感じられて、しかもみんなでつながれるダイナミックな集団あそびなのではないか。その中で「みんなで遊んで楽しかった」という経験をどの子も味わえるような保育をつくっていくことが大事なのではないか、と。
　このように考えた背景には、「どの子も、このうさぎ組にとってなくてはならない大切な一員」と考える保育者たちの確固たる信念もありました。子どもたちは、今は自分でもどうにもならず苦しんでいるけれど、きっと友だちとつながりたい、楽しくいっしょに遊びたいと思っているに違いないと考えていたのです。

[16] 以下、橋村志帆・中島琢也（東京・E保育園）4歳児クラス各期総括資料および関連保育記録より抜粋。子どもと保育者の名前は変更、個人情報にかかわる記述は一部割愛・変更。

3歳児クラスから行っていたバナナオニ、ボールあてオニ、島オニ、ダンゴムシオニ、ドロケイなど集団あそびの中で、保育者たちはドロケイに注目します。

4月に子どもたちとやったドロケイは大ヒットだった。朝の集まりでルールをみんなで確認し、とりあえずやってみようということで、ケイサツとドロボウにわかれてスタート。はじめはルールの理解が完全ではなかったのでトラブルもあった。そのような中、少しずつルールも理解し、楽しさを見出してきた子どもたち。次の日からは「ドロケイやりたーい」という声も出てきた。そしてドロボウたちは「いっしょに出よう」「オレがこっちから行く」と作戦会議。ケイサツは「宝物を埋めて隠そう」「偽物もってこよう」などルール的には微妙だけれど（笑）おもしろい工夫も考えていた。あそびをやればやるほど考えるようになる。

回数を重ねるうちに、さまざまな子どもたちが入れ替わり参加してくるようになります。逃げ方やケイサツへの挑発のしかたなどに個性も出てきました。日々の保育日誌には、そのような子どもたちの姿が記録されています。

4／30　はんな、さおりたちは、ケイサツ側のルールをあまり理解していない。さおりは宝も守る、タッチするといろいろあって混乱したのか、「バンバン」と言って鉄砲を撃つまねをする。
5／1　前庭でドロケイを昨日に引き続きやると、昨日誘っても参加しなかったともきが自ら参加してきた。その子らしさがでてきて、まもるは自ら歩いてつかまりに来たり、せりはゆっくり見つからないように移動したり、たつおは足の速さを生かしてすり抜けてきたりとさまざまだった。

5月には、おとな対子どもで、たたかって熱くなる姿もありました。

5／24　最近ドロボウ役に対する熱意が落ちてきている。ケイサツが多いとドロボウの陣地から出る気にもなれず、あそびが成り立たない。少し、積極的に攻める楽しさだったり、協力するおもしろさを知ってもらおうと、おとな3人のケイサツ対子どもドロボウで対決してみる。味方

は大勢いて、相手はおとな3人だけということがやる気につながったのか、取りに行こうとする楽しさにもつながっていった。「どっちから行く？」などと話をするなど、子ども同士のやりとりもあった。転ぶくやしさもあったが、「大丈夫」と、いつも以上にやる気に満ちてドロボウをやっていた。

ドロケイの引力

　おとなが本気になってたたかっているうちに、子どもたちも「よーし、負かしてやろう」と団結していくのかもしれません。そのうち、なつきちゃんも女の子たちといっしょにドロケイを楽しむ姿が見られはじめます。
　その後、プールがはじまり一時下火になりますが、秋からまたブームが再来します。ただ一人、ドロケイに参加していなかったふうやくんがついに参加するようになったのもこのころです。他の子どもたちの共感の渦の中に、足を入れてみたくなっているふうやくんの気持ちの変化を感じとった保育者がドロケイに誘いだしたのです。

9／17　なおとがひとさし指を立てて、「ドロケイするものよっといでー」と他児を集める。スタートは子ども5人（なおと、あおい、みみ、のぞみ、やすお）でおとながケイサツをする。いっしょにやっているうちに増えてきて、5歳児も参加し、20名ほどでドロケイをする。ケイサツはてっぺい、むねお、よしえ、みちひろ、ともき（途中からむねおはドロボウになる）。なおと、みどり、たくま、ひろみは積極的に宝をねらいに行く。逆に陣地からなかなか出られないのがなつき、やすゆき、のぞみたち。おとなに促されながらも「やだー」と言って出ない。ふうやもおとなといっしょに参加したが、ルールの理解がむずかしく、タッチされたらすごく怒っていた。いっしょに走ったりすることは楽しんでいた。

　最初はルールがよくわからずタッチされて泣くことが多かったふうやくんも、タッチされなければドロボウの家まで帰ってこられるというルールがわかると、ドキドキしながら走って帰ってくる姿もありました。そし

て、運動会のうさぎ組の種目にこのドロケイをみんなで選んで行うと、当日は、ふうやくんも宝を取りに行くことを理解して行うことができたのです。共感する仲間とつながれたという体験を経て、さらにふうやくんはドロケイにはまっていきます。

12／3　ふうやくん、ドロケイでは1度宝を取り、戻ってこれて勝つことができ、「やった！　1ポイント」と喜ぶ。その後、タッチされると、相手に「バカ」と泣いて訴える。

12／4　ドロケイのルールがわかり楽しむふうやくん。さりげなく近づき、宝を取って陣地へ！「やった！　がんばった」と自分でほめて、再び向かう。今度はケイサツに笑顔をふりまいて気をそらす作戦らしく、やってみるもタッチされ涙。自分で考えてやってみる姿があった。

12／5　宝を取りたくてもどうしても取れないくやしさがある中、泣くこともあるが、そのたびに立ち直りがんばってやる姿がある。

12／6　ルールがわかっているからこそ、ロウヤに入ることが嫌で泣いて訴えるが、おとながつくと「あそこで待ってて」と1人でやろうとする。おとなが離れて見守る中でドロケイができるようになっている。

ドロケイざんまいの日々が育てたもの

　このように、4月からの一年間、ドロケイにはじまりドロケイに終わるドロケイざんまいの日々でした。子どもたちには何が育っていったのでしょうか。
　第1には、子どもたちが「集団あそびの楽しさを知ること」ができたということでしょう。時にはおとなに対して闘志をむき出しにし、だれかが宝を持ち帰ると、その子を囲んでみんなで喜び合う子どもたち。それまでおとなを拠り所にして生活していた子どもたちが、「子ども集団として仲間意識を持つこと」ができたということでもあるでしょう。個々の子どもが自分のできなさ加減に一喜一憂するのではなく、チーム全体で勝ちにこだわって作戦を考える経験は、自分はうさぎ組の一員なんだという「所属感」や「貢献感」を持つことにつながっていきます。
　第2には、保育者自身の言葉を借りれば、「ルールを理解して遊び、生活

すること」ということです。4歳児は、自分の行動をふり返りながら動くだけでなく、人数調整をしたり、空間把握をしたり、作戦を練って手順を仲間と共有したりといったことができるようになっていきます。保育者たちは、こうした認識力や理解力を、「ルールあそび」としてのドロケイを通して育て、発揮させていきたいと考えていました。

　ここで留意しておきたいことは、「ルールを理解する」ことを「ルールを守ること」だけにつなげようとすると、この種のあそびのおもしろさが損なわれていくということです。実際このクラスのドロケイでも、必ずしも「ルールを守ること」が重視されていたわけではなく、保育者自身が「ケイサツは『宝物を埋めて隠そう』『偽物もってこよう』などルール的には微妙だけれど（笑）おもしろい工夫も考えていた。あそびをやればやるほど考えるようになる」と書いていたように、あそびの盛り上がりとルールへの挑戦が一体のものとして展開されていました。

　真剣勝負で相手がルール違反をすれば、当然ケンカにはなるけれど、それがあそびをもっとおもしろくする「違反」であると認められれば、ケンカは意外とあとをひかず、「もう1回やろう」になるし、「違反」のおもしろさを取り込んだより高度な「新ルール」ができていったりする——ルールあそびの醍醐味とはこのように、ルールの正確な理解を前提にしつつ、その制約をかいくぐって効果的な作戦を立てて相手を打ち負かすこと、もっと言えば、たくみにルールを逸脱することで生まれるスリルと対立を楽しむことではないでしょうか。橋村さんも中島さんも、子どもとの対決で熱くなり、つい「ルール違反」をおかして子どもから猛抗議されるほど、このあそびのツボをわきまえる保育者たちだったことが、徹底的にドロケイを遊び込む日々を支えたことはまちがいなさそうです。

　第3に、たえずチーム編成がシャッフルされるこうした集団あそびは、いつもと違う人間関係が自然と生まれるので、友だち関係で葛藤を抱えがちな4歳の子どもたちにとっては、日頃の緊張状態から抜け出せる時間になっていたのではないかということです。家庭から不調や不快を引きずって登園してくる子どもや、発達的な困難を抱えている子どもたちにとっても、いろいろな友だちとつながれて、圧倒的な楽しさとドキドキ感をもたらしてくれるあそびがクラスの中に常に存在していたことは、心の支えになっていたことがうかがえます。

⓱ 河崎道夫他著『おにごっこ・ルールあそび——対立を楽しむあそび』ひとなる書房、1996年、10〜16、173〜181頁。

⓲ 本書110頁。

園の文化としてのわらべうた

　このクラスで、ドロケイとともに、4月当初から継続していたあそびに、わらべうたがあります。保育者を仲立ちに、わらべうたでつながってしっとりとした時間を共有する取り組みは、このクラスだけでなく、課業として位置づけられた園の文化でもありました。
　このクラスが園庭ではじめて「はないちもんめ」を行ったのは、5月末のことでした。

5／27　園庭で「はないちもんめ」を楽しむ。はじめての試みであったが、遊びながら方法を知らせた。「そうだんしよう、そうしよう」で2つのグループが円をつくり、だれがほしいか相談。

　両グループ「決まった！」
　Aグループ「さなちゃんがほしい！」
　Bグループ「あおいちゃんがほしい（さな）！　みゆきちゃんがほしい（せりは）！　さおりちゃんがほしい（なおと）！」といっせいに自分の気に入った子の名前を呼んだので思わず笑いそうになる。
　保育者「1人だけなんだよ」と伝えると、
　さな　「だって決まらないの」
　保育者「どうやって決める？」

　　　「ジャンケンにする」とBチームで話し合って決める。そしてあおいに決まる。Bチームのさながたチームのあおいとジャンケンして、さなが勝ち、大喜び！
　　　2回目はまたあおいが選ばれ、次はあおいが勝つとAグループは大喜びで「あおいを取り戻した〜」と喜んでいた。

しっとりとした心地よさ

　自分にも友だちにもスポットがあたる瞬間があるこのあそびは、友だち

関係の中で繊細に揺れ動く４歳の子どもたちにとって、とくにうれしいあそびなのでしょう。７月にはこのあそびがクラスに流行しはじめます。

7／12　保育者とゆりえ、ひろみ、やすゆき、みゆき、みみではじめると、まもる、さおり、ともき、まさとが入ってきて、全員で楽しむ。手をつないでの前後の動きもじょうずになってきており、ふざけようとする子もいない。だれをとるかの話し合いも、子どもたちで折り合いをつけながらやっており、トラブルもない（ジャンケンで決める姿もあった）。歌詞はまだ覚えきれておらず、うたはまだまだだが、よく楽しめるようになっている。それをしていると、ふうやが近づいてきて、真ん中でしゃがむ姿がある。時々ぶつかると、「事故！」と言っていたが、「いっしょにやる？」とたずねると、手をつないでの前後の動きを楽しんでいた。

　ふうやくんも気になるのか、わざわざ真ん中にしゃがんでみたりしています。誘われると手をつないで前後の動きを楽しんでいるところは、リズムに合わせて体を動かすのが心地よかったのかもしれません。
　では、こだわりが強く、気に入らないことがあるとパニックになってしまうなつきちゃんはどうだったのでしょうか。

7／18　はないちもんめをしているとき、なつきとせりはが手をつないでいるとのぞみが「のぞみ、せりはちゃんとつなぎたい」と言う。少し考えるが「いいよ、じゃあなつきが先生とつなぐから」と言って譲る姿も見られ、4人ではないちもんめを楽しむことができた。

9／20　♪ぼうさんぼうさんと♪かごめかごめを同時に歌うと、なつきは「すごいねーさいごがいっしょに終わるんだね」と感動していた。そのあとも「はないちもんめやろう！」とみんなを誘って楽しく遊んだ。

10／7　みみがなつきに「はないちもんめやろう」と誘う。せりは、たつお、よしお、さおり、みどり、ふうやで楽しく遊んでいた。なおとも加わって遊ぶ。「○○ちゃんがほしい～♪」と自分の名前を呼ばれるとうれしそう。だれにしようかと輪の中でもうまく折り合いをつけて話ができていた。その後、またみみに、はないちもんめをやろうと誘われると、せりはがＯＫ！「じゃあなつきも！」と言って遊ぶ。「なつきちゃんほしい」と言われると、うれしそうにジャンケンしていた。

　だれとでもおだやかに手をつなぐことができる安心感からか、友だちに譲る姿や友だちから誘われて楽しむ姿、さらに、「なつきちゃんほしい」と言われてうれしそうにジャンケンをする姿なども見られます。いっしょにわらべうたを楽しんだ日は、少し嫌なことがあっても、大きく崩れることはなく、泣いたあとの立ち直りも早いようでした。

　わらべうたあそびは、ゆっくりと落ち着いたリズムで歌いながら友だちとつながれるあそびであり、クラス全体にしっとりとした雰囲気を醸し出します。「歌っていると、まず自分が落ち着く」という中島さん。「生活の一部になっていて、あそびに入る時にも、自然と子どもが口ずさんでいる」という橋村さん。たとえば、集まりの時には「ちゅーりっぷ、しゃーりっぷ、おんりきりきり、あっぷっぷ、○○くん、お入り」などと呼ぶわらべうたは、乳児クラスのころから親しんでおり、自然に仲間を意識することにつながっているようです。

　ふうやくんやなつきちゃんのように、生活の中でつまずきが起こりやすい子どもたちにとって、タッチされるかされないかでドキドキしながら、ワーッと走りまわるドロケイなどの集団あそびだけでなく、しっとりとしたわらべうたあそびが園生活の中に位置づいていたことはとりわけ重要

で、楽しさとともに安心感や安定感ももたらしていたのではないでしょうか。

自分づくりと集団づくりが織りなす保育実践

　じつは保育者たちは、なつきちゃんとどうかかわっていったらいいのか深く悩んでいました。巡回発達相談員のアドバイスもあり、パニック状態になったときには、事務室など静かなところに移動し、行為を叱るのではなく、なつきちゃんが今どんな状況を引き起こし、どんな表情になっているのかをゆっくり言葉にして伝える、といったことを試みていました。そうしたことで、少しずつなつきちゃんは落ち着いていったようです。

　とはいえ、専門家のアドバイスだけに頼らないようにすることが重要です。揺れ動くその子のこれまでの経過や今の状況、少しの変化も一番よくとらえることができるのは担任です。「この子はこういう子」と固定的にみるのではなく、この子は今何に興味を持っているのか、どんなことで揺れているのかをよく観察することも大切なことです。合わせて、橋村さんと中島さんたちのように、個々の子どもにていねいに粘り強くかかわりつつも、一方でおもしろさや楽しさを積み重ねていけるクラスづくりを大事にしてきたことが、個々の子どもにもたらす意味も大きかったのではないでしょうか。実際、保育者との個別の対応では、なかなか笑顔までは出なかったなつきちゃんは、わらべうたあそびの中だと、楽しそうなおだやかな姿を見せるのでした。

　ふうやくんやなつきちゃんだけでなく、クラスの子どもたち全員が、時期をずらしながら、午睡ができなくなる、特定の友だちとしか遊ばなくなる、みんなが楽しく遊んでいるところをわざと妨害するなど、それぞれに揺れる時期がありました。しかしこの一年を保育者たちは、「順風満帆ではなかったけれど、子どもたちがとにかくかわいかった」、「団結力と楽しむ力、集団あそびがはじまる時の円陣を組む姿にワクワクした」とふり返っています。あくまで「どの子もうさぎ組の一員」と、どの子も安心していられるクラスを目指し、子どもといっしょに遊び込む保育を進める中で、集団あそびとわらべうたあそびが相乗効果をもたらし、自分づくりと集団づくりが織りなす保育実践がつくられていったのではないでしょうか。

⓳ ふうやくんとのかかわりについては、本書166頁参照。

column 4歳児と楽しむアート体験

太田絵美子　NPO法人アーキペラゴ

　アート県として有名な香川県。その高松市では、芸術家である「芸術士」が、保育所や幼稚園、こども園で生活をともにしながら、子どもたちの興味や芸術表現をサポートするアートを取り入れた保育が2009年秋よりはじまっています。芸術士は週に1回、年間を通して子どもたちとかかわります。ひもを通したり結ぶといった細かい手先の作業も器用になってくる4歳児。自分の経験したことや思ったことなどが言葉で伝えられるのがうれしくて、教室は楽しいおしゃべりでいっぱいです。「あのね、昨日ね……」と、お家や保育所であった出来事を教えてくれる子どもも。なにげない会話から興味がふくらみ、活動が生まれ、発展していくこともしばしば。そんな4歳児と芸術士がいっしょに過ごした活動の一部をご紹介します。

よみがえるソファ
（和光保育園）

1〜5　このボロボロのソファは、保育園の片隅でひっそりと暮らしていました。
「このイス、なんとかならないかしら……」とポツリ。
先生のこんな一言からはじまりました。
まずは、ぞうきんを手にした子どもたち。
「イスしゃん（イスさん）今までありがとう」
背中もおなかもぴかぴかに磨きます。
「色を塗って、おめかししてあげよう」
ペタペタぬりぬり、とってもきれいな色だね。
「リボンも似合うかなぁ」
「お家も描いて貼ったよ」

6　いつの間にか愛称「キャサリン」という名前がついて、今はニコニコ。
保育園の隅に新生キャサリン、誕生です。

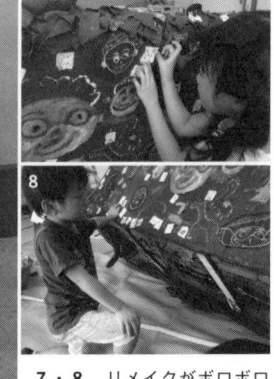

7・8　リメイクがボロボロになってきたら、もう一度再生！

課業とあそびのいい関係●第4章

9 天気に呼ばれて作りはじめる（こぶし花園保育園）

強い風が吹く、今にも雨が降り出しそうなお天気。そのせいか、雨や風を描く子どもたちがたくさんいました。アルミホイルに勢いよくいろいろな青をのせはじめた男の子。

「あめがふるから、あめかいてる」

そう言って、まるで雨の音でも描いているような、そんな線とリズムでしばらく描いていました。するとその流れの中、自然にそのアルミホイルを丸め、黄色いテープで包みはじめて。

「雨、もう見えないね」と声をかけると、「うん、これおひさま。おてんきになっただけ」と、ことの事情を"しぜんなことだよ"というように話してくれました。おひさまも、雨も、彼にとってはそれくらい自分と近い存在だったのでしょう。

子どもたちの表現は、いつも本当にお天気のようだなと感じます。たとえ今の気持ちが雨降りだったとしても、外に発信することで、雨雲をふぅっと吹いて、いつの間にかおひさまのような笑顔を見せてくれます。それぞれの中で見ていること、感じていること、受け取ったことをその手に、言葉にのせて表現しています。

10・11 映像で遊ぼう（林幼稚園）

映像あそび。チームに分かれて1チームずつステージに上がります。ステージに上がると、自分の影で遊んだり、壁に映る鳥・魚・クラゲ・カエル・ゾウ・風船・ライターの火・星などに飛びついて、壁をバンバンたたいて触ってみたり。水や火に飛びついていく子どもに、「どうだった？」と聞くと、「あつかった」「やけどした」「びしょぬれになった」「体がえのぐになった（映像が体に映って）」と、感じないはずの体感を楽しそうに次々と伝えてくれました。

12 パステル（中野保育所）

発表会の背景づくり。真っ白な紙ではおもしろくないので、紺色の画用紙に白いパステルで白い壁を作ります。パステルがお尻についちゃうからと、お約束をしました。

「お尻つけないように描こうね〜」

すると、次々「ピッ」とお尻を守る姿勢をとる子どもたち。

白くなってきたからそろそろ終わりにしようかな？ 味わいのある白い大きな壁ができあがりました。すてきな淡い色。

えっ？？？ 手足もパステルで真っ白になっちゃった。

第5章
子どもとともにつくる保育の中で育つもの

1 自分たちの池をつくろう──虫探しと絵本の世界が結びつく

　これまで「子どもたちといっしょにつくる保育」のさまざまな実践事例を見てきましたが、4歳児クラスの一年間というスパンで見ると、実践はどんなふうに展開し、子どもたちはどのように変わっていくのでしょうか。第3章で紹介したD保育園の高見さんに再度登場してもらいましょう。

遊びたいけど遊べない

　高見さんも、もう一人の担任の春日遥さんも持ち上がりではなかったので、4月当初は、4歳児クラスゆり組24人の子どもたちと信頼関係を築きあげることに集中することにしました。そのため、高見さんたちはまず、

① 子どもが保育者に甘えられるようにする
② 楽しいあそびをやりつくせるようにする
③ 子どもたちの要求には可能なかぎりこたえる
④ どの子にとっても居心地のよい居場所がある環境をつくる[20]

の4つを大事にして保育しようと考えました。しかし、実際に遊びはじめ

[20] 以下、高見亮平（東京・D保育園）「絵本から始まった憧れの池づくり──生き物を通して広がるイメージと表現」（『季刊 保育問題研究』260号、新読書社、2013年）他、関連の発表資料や保育記録より抜粋、子どもの名前は変更。

ても、「やらない」と言って誘っても入ろうとしなかったり、すぐに「やめた」と抜けてしまったり、中途半端な状態であそびが終わってしまい、あそびで満たされることがない子どもの姿がありました。

とにかく毎日虫探し

　何か子ども同士がつながれるものはないかなと子どもたちの日々の姿を見ていると、気がつくことがありました。おさむくん、だいきくん、こうがくんなど数名の男の子たちが、園庭で他のあそびよりも虫探しに夢中。そしてまわりの子どもたちは、虫を見つけるとすかさずその男の子たちに知らせていたのです。

　男の子たちは頼られていることが自信につながり、知らせた子も「見つけたわたしってすごいでしょ！」と言わんばかりの自信満々の顔をしています。その後、たまたまつかまえたヤモリを、子どもたちと話し合ってクラスで飼うことになり、エサになる生きた虫を毎日探します。雨の日にも傘をさして探し続けている日々。

　「せっかく虫が好きなんだから、その一点でクラスがつながるといいね」「水辺があると生き物と出会えるのにね」「池があるとおもしろいのになあ」と担任間で話し合っていたちょうどそのころ、園に月刊『かがくのとも』6月号が届きます。それは、『ターくんのちいさないけ』という、男の子がおじいさんと池を作るという内容の本でした。最初のページは池の設計図。「あるひ　おじいさんが　いいました。『にわに　こんな　いけを　つくろうと　おもうんだ』」とはじまります。そこからどう作っていくか、春、夏、秋、冬と池と池のまわりはどう変わっていくのか、水辺の虫の世界などが、わかりやすく描かれています。

　あまりに内容がぴったりでびっくり！　まさにグッドタイミングです。

来る日も来る日も
虫探し。

『ターくんのちいさないけ』
（『かがくのとも』2012年6月号）
西村繁雄 作
福音館書店
（品切れ）

ぼくたちも池を作ろう

　5月末、さっそく読み聞かせをしてみると……

　おさむ「いいねー」

保育者「いいねー」

おさむ「池作ったの」

保育者「うん」

まこと「じゃあ、池作ろうよ」

保育者「池？　どこに？」

まこと「砂場に」

保育者「でも、砂場はみんなが遊ぶ場所だよね」

全員　「うん……」

保育者「どこにだったら作れるかな？」

こうが「おうちの近く」

おさむ「だけどオレのうち、できない」

じゅん「うちもできない」

さとし「オレんちは石だらけだからね」

しおり「でも、おばあちゃんちだったら作れるよ」

保育者「保育園で作れる場所ある？　砂場以外で」

全員　「なーい」

こうが「じゃあさ、雪で作る？」

保育者「雪で作ったら冬だけだよ？」

おさむ「じゃあ、プールん中に作る」

保育者「プールを池にする？」

なえ　「プールを池にしたらダメだよ」
保育者「プールを池にする？　みんな夏プールで泳げなくなっちゃうけどいい？」
全員　「ダメー！」
保育者「他にいい場所ある？」
　　　（中略）
だいき「あ、ドラえもんに頼めばいいんだ」
保育者「ドラえもんと友だち？　連絡とれる？」
だいき「ママに聞かなきゃわかんない」

　あれこれと池について思いを馳せたあと、さっそく作りたくなった子どもたち。じゃ、どこに作る？　となった時、いろいろ思いつくものの決定打は出てこず、園の中に新たな場所を探して作るという発想まではなかなか生まれないようでした。

　そこで高見さんが「どこか池が作れる場所がないか園庭、探してみれば？」と言うと、子どもたちは外に出て、「ここは？」「広いのはここしかないね」「ここはダメ！　固い！」「ここも掘れない！」「○○ちゃん、ここも掘ってみて！」などと、子どもたちは、自分たちでスコップで地面の固さを確かめながら候補地を検討しはじめました。

　翌6月1日には、園庭の隅の使っていない花壇の中を掘ることに決定。そして、翌週からいよいよ土掘作業がはじまりました。

　園内の職員からは、さまざまな意見もありました。
　「ため池になるから水が不衛生になるのでは？」
　「ボウフラがわくのでは？」……

　ゆり組の子どもたちと保育者は、ボウフラが発生しないように魚や虫を飼育したり、ため池にならないように水を時々循環させたりするなど、一つひとつていねいに対策を考えていきました。小さな子が落ちないように、小さい子が入って来にくい少し高く土が盛ってある場所を選び、さらに柵やネットで囲むなど、安全対策もぬかりありません。こうして、園全体の了解をとりつける工夫もしながら、「池のある生活」を実現していったのです。

ここなら掘れるかな？

虫が来やすいように

　しかし、土掘作業3日目、絵本通りに、土を掘ったあとシートを敷いて水を入れる予定でしたが、そのやり方だと決壊してしまう恐れがあることが判明。どうしようかと子どもたちと相談していると、かずやくんがポケット図鑑の巻末にビオトープの作り方が載っていたことを思い出しました。それは、衣装ケースを埋め込むやり方でした。クラスの子どもたちにも、伝えると、さっそく衣装ケースを買いに行くことに（6月12日）。

　翌日には、絵本と同じように池のまわりに石を敷き詰めるため、みんなで近くの畑に出かけて石を調達し、池に虫が来やすいように、雑草を植え替えたりしました。

　そして、ようやく水を張ったのですが、すぐに虫が来ることはありません。「来ないね～」と言って池をずっと見ている子どもたち。高見さんたちはいろいろ勉強して、「土を入れて自然に近い環境にしてみる？」と相談します。園芸店で買ってきた荒木田土（たんぼの土）をほぐして、水抜きしたケースに投入、その上に蓋替わりに赤玉土を入れ、土が濁らないようにしながら、同時に睡蓮も植え込みました。こうして、ゆり組の池が完成したのです。

衣装ケースや石の調達も、自分たちで。

小さい子が入り込まないよう、柵やゴザで囲む。さらに周囲に花を植えたり、水面に睡蓮を植えたりして、生き物の到来を待つ。

池に住みはじめた生き物たち

　6月19日、池の住人第一号は、園庭で子どもたちがつかまえてきた大きなイボガエルでした。でも気がつくとすぐに園庭のすべり台の下に隠れてしまいます。つかまえては入れる、また逃げる、つかまえては入れるということをくり返していました。

　絵本と同じように、最初に自然とやってきた虫はアメンボでした。「絵本と同じだ！」「やっぱり虫くるんだー！」と喜ぶ子どもたち。絵本通りの展開になったことで、いろんな虫がこれからも来ると強く信じ、池に対する期待がぐっと高まります。

　それなのに、しばらく虫が来ない日が続きます。図鑑や絵本をみながら池に来てほしい虫の話で盛り上がる子どもたちをみて、高見さんは「そんなに虫に来てほしいなら、絵を描いてみたら？」と声をかけてみました。

　すると子どもたちは、家や園庭で親しんでいる生き物、図鑑で覚えた水生昆虫など、来てほしい生き物たちをどんどん描きはじめました。

カタツムリ、チョウチョ、クワガタ、ヤゴ、カメ、ミズカマキリ、オタマジャクシ

チョウチョ、テントウムシ、カメ、キンギョ、カニ、クワガタ、コオイムシ

　驚きだったのは、普段は苦手意識が強くて絵を描かない男の子2人（だいきくんとおさむくん）が率先して描いている点でした。この2人は、虫とりのリーダー的存在で虫に対する思いも人一倍強い子たちです。

　結局、この時、全員が意欲的に絵を描いていました。何枚も何枚も描く子もいました。

2 メダカ失踪事件——現実とファンタジーをまたにかけて

　その後池には、カエルやアメンボの他、テントウムシ、カナブン、アリもやってきます。園庭でも見慣れた小さな虫でしたが、子どもたちは「見つけた！」ではなく、「池に来た！」という感覚で見守っています。しかし、カエルも虫たちも、なかなか住み着いてくれません。そこで、近くの田んぼで見つけたと言って、高見さんがドジョウを池に放してみました。さらに、もう少し池に定着してくれる生き物はないかと、6月末、2歳児クラスがテラスで飼っていたメダカを、少しわけてもらうことにしました。

　「あかちゃんがたくさん生まれて、おうちが狭くなっちゃったから、みんなの作った大きな池に少し入れてもらえないかな？」という2歳児クラスの保育者の言葉に、即答で「いいよ！」と返す子どもたち。さっそく、グループごとにメダカを池に放流すると、悠々と泳ぐ姿に満足げな子どもたち。すぐに立ち去る子もいれば、しばらく眺めては「こっちはおかあさんで、こっちはあかちゃんだね」などイメージを持つ子の姿も見られた。

メダカが消えた！

　たくさんのメダカに愛着をもちはじめた子どもたち。ところが9月18日、池からすべてのメダカが姿を消してしまいました。一晩で一気にいなくなってしまったのです。何か問題でもあったのかと、ペットショップに電話したところ、「ドジョウはメダカを食べますよ」と言われた高見さん。しかし、以前、他のクラスを担任していたときに、ドジョウのいるたらいの中で、メダカを繁殖させた経験があったので、「ほんとかなあ」と今度はドジョウ研究所に電話をしました。すると、ドジョウ研究所の人は、「そんなに一気にメダカを食べることはありませんよ」と言います。

　これは本当のミステリーです。翌19日、子どもたちはグループごとに捜査会議を開きます。子どもたちの推理は次の通り。

・星グループ──→ カワセミ、ゲンゴロウ、タガメが知らないうちにやってきてメダカを食べてしまった？
・雲グループ──→ ヤゴとタガメが池に来て、ケンカしながらメダカを食べてしまった？
・太陽グループ─→ 広いお池に戻ってしまった？
・月グループ──→ ドジョウが食べてしまった？　死んじゃった？　前のどじょうみたいにアリが食べてしまった？（池から飛び出したドジョウがアリにたかられてあっという間に骨だけになってしまった事件のこと）

衝撃のドジョウの白骨死体。

　いろいろな意見が出て来たので、さらに次の日、全員で合同捜査会議を開きます。上記のグループ会議では、けっこう現実的な推理がされていたのですが、『こびとづかん』の中に、水辺の魚を食べるこびとが載っていたのを思い出したかずやくんが、「"こびと"が食べたんだ」と言うと、「そうだ、"こびと"だ〜」と一気に議論が収束していきました。そこで高見さんが「それじゃあ、池に見に行ってみたら」と言うと、子どもたちはすぐに園庭に飛び出していき、口々に「いないいない！」と言いながら戻ってきます。するとかずやくんが、「まだ5時半すぎてないから、出てこないのかもしれない」と、本の知識をもとに新たな推理をめぐらせます。そこで高見さんは、遅い時間だとみんなで行けないから、かわりに確認しておくことを約束して、実際遅番の日の夜に実行し、「いなかった」ということを子どもたちに伝え、ようやく「こびと」説は取り下げられました。

『こびとづかん』
なばたとしたか 作
ロクリン社、2006年

　保育者としては、個別的で断片的なかかわりにとどまっていた池の取り組みを、この「事件」を機に、クラスみんなで心を動かす楽しい取り組みができたらとは考えていたものの、「こびと」など、半ば"キャラクター化"しているものの世界では、自由にイメージをふくらませにくいのではないかという懸念も感じていました。そこで改めてグループ会議での子どもたちの議論に立ち戻ることにしました。これまでの体験から、池の生き物にはそれぞれ捕食者がいることに子どもたちは関心を向けはじめていました。子どもたちが共有しているこの気づきを出発点に、ファンタジーの世界にも思考を広げていけば、もっとおもしろくなるかもしれないと担任間で話し合い、メダカに手紙を書いてもらうことを思いつくのです。

メダカからの手紙

　９月26日、池を見に行ったしずくちゃん、かなこちゃん、さつきちゃんの３人が水に一枚の葉っぱが浮かんでいるのを発見。何やら文字が書いてあります。

　こわいむしがやってきた。のこったぼくたちはこわくなってインコさんたちにちがうところにはこんでもらってにげたんだ。でも、みんなのおいけまでのかえりみちがわからなくなってこまっているんだ。ぼくたちのいるところからみえているのは、かなへびのかぞく。ここはどこなんだろう。おいけにもどりたいよ……
　　　　　　　　　　　　　　　　　　　　　　　　　　　　めだか

　全員にこのことを知らせると、「えー？　不思議！」「不思議ー！」とニコニコ。さっそく話し合いになりました。

　　保育者「これなんだろうね」
　　まこと「メダカが書いたんじゃない？」
　　えいた「でもさ、メダカは手がないじゃん」
　　まこと「しっぽで書いたんじゃない？」
　　さとし「しっぽで書いたんだよ」「しっぽにペン巻いてね、こうやってね」（お
　　　　　しりをふりながら説明している）

　「メダカに手紙は書けないでしょ」と思っている子どもも、「しっぽで書いたんだよ」と言われ、なんとなくそうかなと思いはじめ、話がどんどん進んでいきます。

　　保育者「今どこにいるんだろうね」
　　まこと「きっと長光寺橋だよ！」
　　保育者「どうして？」
　　まこと「だって水があるところだもん！」
　　こうが「だって前にカナヘビいたじゃん」

保育者「こわい虫ってなんだろう。池でみんな見たことある?」
ほぼ全員「なーい」
だいき「コオイムシかな? カマキリ? クモ?」
こうが・じゅん・おさむ・きょうた「ヤゴ? タガメ? カワセミ、ゲンゴロウ」
かずや「ゲンゴロウはやさしいんだよ。タガメは悪いよ、暴れん坊! だけど、ゲンゴロウはやさしいんだよ」
えいた「ミズカマキリとかは?」
いくみ「ミズカマキリとかにつかまったんじゃない?」
保育者「そっかあ、それなら大変だな〜」
まこと「いいこと思いついた! 連れ戻す! そして池に戻す!」
きょうた「川に行って、虫カゴに入れてお池に戻してあげる」
かんな「いつも散歩に行ってるとこだからさ、メダカさんつかまえてさ、お池に入れようよ」
保育者「じゃあさ、みんなで行ってみる?」
かおり「でも深いところに行っててもう死んでるかも」
さとし「うん、死んじゃってるかもしれない」
かずや「生きてるよ! だって、水の中だもん」
えいた「死んでたらどうする?」

　話し合いは途中からメダカがどうなっているかで半ば言い合いになり、保育者が、「それなら、なんでも知ってる人がいるよ」と言うと、「だれ?」「博士?」と考えをめぐらせる子どもたち。「そう、博士みたいになんでも知っているのは、みんなより長く生きているおじいちゃん、おばあちゃん!」と言うと、子どもたち数人が「あっ! 明日、お月見敬老会!」「そうだ、明日聞ける!」と盛り上がり、おやつを食べながら、聞きたいことを考えていました。子どもたちは、前の日からおじいちゃん、おばあちゃんに会って話を聞くのが楽しみでたまりません。9月27日、敬老会当日の様子です。

　　子ども「メダカは今どこにいるか知っていますか?」
　　祖父母「メダカは水の中で生きるから、今はもしかしたら、水たまりがある所

　　　　　にいるかもしれないよ」
　子ども「メダカは生きていますか？」
　祖父母「生きていると思うよ。お水があれば大丈夫！」
　子ども「メダカが住みやすいところはどこですか？」
　祖父母「小川とか、水のあるところだね。昔は田んぼにもいたけど今はいない
　　　　　かな」
　子ども「カナヘビがいるところはどこか知っていますか？」
　祖父母「あのね、カナヘビはね、長光寺橋って所にいるかもしれない」

　事前に、今取り組んでいる活動の説明をして「子どもたちがこういう質問をしてくると思いますのでよろしくお願いします」と頼んでおいたため、おじいちゃんたちは、真剣に的確に受け答えしてくれています。「おじいちゃんたちはものしりだから、うそじゃないんだ」と納得した子どもたち。それにしても、子どもたちのインタビュー、押さえどころをよく心得ています。

早く助けに行かなくちゃ！

　子どもたちは、おじいちゃん、おばあちゃんの妙に説得力のある話を聞き、いよいよ本気モードに突入していきます。最初は手紙を見ても「不思議ー」とニコニコして少し余裕のあった子どもたちも、だんだんメダカが心配で心配でたまらなくなっていきます。
　こうして、メダカの失踪事件は、救出作戦へと展開していきます。
　いよいよ、メダカを探しに長光寺橋に出発した子どもたち、現地に到着すると、さっそく土手の上から川に向かって「おーい、メダカー！」と呼びかけます。川の中をのぞきますが、なかなか見あたらず、メダカに助けにきたことを知らせる手紙を書こうということになります。
　じつは、このクラスは夏に、バナナとお酒を混ぜてストッキングに入れて木につるし、カナブンやハナムグリを採る「トラップづくり」をしています。その時の経験を思い出した子どもが「何かをつるしておけば、メダカがつかまってくれるかもしれないよ」と発言します。「それもそうだね」とこたえる子どもたち。「そうだ、手紙を書けばいいんだ」「手紙をつるにつ

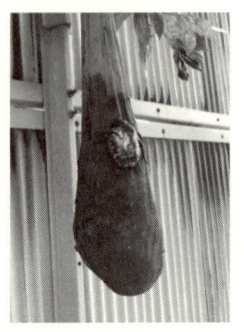

夏に夢中になった
トラップづくり。

けて垂らしておこう」ということになり、手紙を書きに保育園に戻ることになったのです。

すると、その帰り道、インコがメダカに宛てた手紙を発見。その手紙で子どもたちは、「インコがメダカを助けたこと」「ミズカマキリやコオイムシがいるから逃げ出したこと」を知ります。

こうが「やっぱり、こわい虫ってミズカマキリとコオイムシのことだったんだ」
えいた「でも、まだ池で見たことないよね」
おさむ「もしかしたら今もういるかもしれない！」
ほぼ全員「早く帰ろうよ！」

急いで保育園に帰って池で虫探しをすることになります。ところで、なぜインコがたびたび登場するのでしょうか。じつはこの園の子どもたちは、インコを園庭でよく見かけているのです。高見さんが「日本野鳥の会」に問い合わせてみたところ、民家がペットとして飼っていたインコが逃げて野生化したのか、都会で最近よく見かけられるとのこと。そのインコがメダカを助けたとは、子どもたちもびっくりしたことでしょう。

2日後の10月5日、葉っぱにメダカへの思い思いの絵を描き、つるにつけて川に垂らしに行くことになります。どうやってつるの先につけるか聞くと、「ぬれないように袋に入れる！」「外から見えるように袋は透明のやつを使って、それをテープでつける！」と意見がたくさん出ます。夏のトラップづくりの経験がここでも生かされています。次々とわき起こる子どもたちのアイデアを形にして作り、現地で土手から川に垂らしたのでした。

野生化したインコは池の常連客。

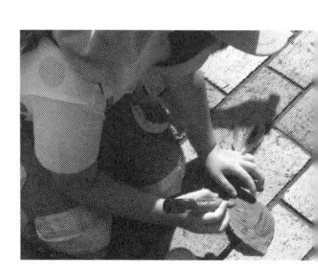

はたしてメダカへ届くか？思いをこめた葉っぱの手紙。

天敵だけどあこがれちゃう

保育園に戻ってきてから3人の男児（えいたくん・かずやくん・こうがくん）は池にいたカナブンに向かって、「カナブンさん、カナブンくーん、メダカどこにいったか知らない？」「コオイムシとかミズカマキリどこにいるか知ってる？」と、聞いている姿があり、「なんて答えてた？」と聞くと、「知らないってさ」とカナブンとのイメージ会話が成立しているよう。さらに、ドジョウに向かって

も、「ドジョウさん、ここにミズカマキリとか来なかった？」と聞いたり、返事はないことを理解しているうえで、聞いている姿がみられ、自分たちのわからないことを身近にいる虫に声を出して聞くことで消化しているようであった。

　すると、その日の午後、池を見ていただいきくんが、「あっ⁉　これコオイムシかも……！」といつもと違う姿の虫の存在に気がつきます。周囲にいた子どももすぐに集まってきました。

　「ほら、これ！　ゲンゴロウみたいなタガメみたいなやつ」と不思議そう。つかまえて手にのせ近くで見ると、「なんだコレ？　コオイムシみたいな目してる！」「みんなにも見せてあげよう！」と気持ちが高まっている。コオイムシを見た子どもたちは、さらにいないかと池をのぞき込む。コオイムシの発見に「はじめて見た！」と喜びつつも、「でも（メダカの天敵である）ミズカマキリがまだつかまらないからな！」ともう一匹の存在を気にかける子の姿もあった。

　じつは、水生昆虫の図鑑をよく見ている男の子たちにとって、ずっとあこがれている虫が、「ゲンゴロウ、タガメ、コオイムシ、ミズカマキリ」だったのです。しかし、これらの虫は、近年田んぼも少なくなり、なかなかお目にかかるのがむずかしい虫です。水生昆虫の本に必ず登場するこれらの虫たちのどれかに、保育者は、この取り組みのどこかで一度は出会わせたいと思っていました。ですから、子どもたち、とくに男の子たちにとって、コオイムシを見つけた時は、まさに歓喜の瞬間だったわけです。
　そして、5日後の10月10日には、ミズカマキリにも出会うことになります。つかまえたのは、おさむくん・だいきくん・こうがくんです。

　やったー！　よっしゃー！　オレがつかまえたー！　やったー！　ミズカマキリつかまえたのは、オレだー！　と、もはや会話など存在しない、大騒ぎ状態へ。落ち着いてから……

　　保育者「これで、コオイムシもミズカマキリもつかまえたね」
　　子ども「メダカが帰ってこれる！」
　　保育者「本当だねー。これでやっとメダカが帰ってこれるかもしれないね！」

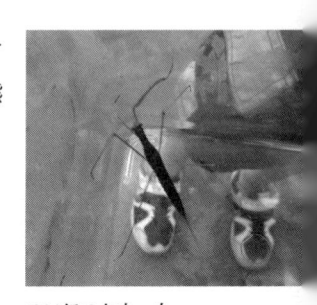

ついにつかまった
ミズカマキリ。

子ども「やったー！」
保育者「こわい虫がいなくなったこと、どうやって教えればいいかねー？」
子ども「もう考えちゃった！　長光寺橋に行ってさー、教えればいいんだよ」
子ども「どうやって帰ってくるの？」
子ども「また、インコさんが連れてきてくれるかも」
保育者「そうかもしれないね。逃げた時もインコさんが連れて行ってくれたんだもんね」
子ども「じゃあさ、インコさんにさ、いなくなったよって教えればいいんだよ」
子ども「何か目印すればいいんじゃない？」
保育者「それはいい考えだね。みんなで目印作ってみる？」
子ども「そうする！」「作りたい！」

このあと、コオイムシもミズカマキリも室内の専用容器で飼うことになった。

こわい虫がいなくなったこと
をインコに伝える旗が完成。

インコの羽はいい知らせ

「こわい虫」がいなくなったと知らせるための目印の旗を掲げた15日の午後には、池のまわりにインコの羽が落ちているのが見つかります。

子ども「インコが来たんだ！」
子ども「目印に気づいたんだね！」
子ども「もしかしたら、今メダカをむかえにいってるのかもしれない！」
子ども「みんなで目印作ってよかったね！」
子ども「どうやって連れてきてくれるんだろう!?」

子ども「また前みたいに口ばしの中に入れてやさしく連れてくるんだよ」

　翌日の散歩では、神社で熱心にお参りする子どもたち。「何お願いした？」と聞くと、「メダカが帰ってくるようにお願いした」「オレだって、メダカが帰ってくるようにってしたよ！」「わたしも！」と口々に言う子どもたち。思わず「心で思っていることがみんないっしょなんてすごいね！　この気持ちがあれば、メダカさんも帰ってきてくれるかもしれないね」と保育者が言うと、「帰ってくるよ！」と力強くこたえる子どもたち。そんな、メダカを助けたい一心で結束した子どもたちに熱い願いが通じたのか、保育園に戻って午睡した子どもたちが、池を見にいくと、元気に泳ぐ7匹のメダカ、そして、そばに手紙と、またしてもインコの羽が落ちていました。やっと再会できたメダカを前に興奮しきりの子どもたち。手紙には次のように書いてありました。

ゆりぐみのみんなへ。みんなが出してくれた手紙読んだよ。たくさん探してくれたんだね。みんなが作ってくれた旗のおかげでインコさんが迎えにきてくれたよ。こわい虫を見つけてくれてありがとう。これからも仲良くしてね。　めだか

　この手紙を読んで「やっぱりね」と納得した表情を浮かべていた子どもたち。次々起こる出来事に一喜一憂しながら、虫の知識や過去の経験を総動員し、現実の中で確かめたり、自分でつくりだしたファンタジーの中で理解したりと、現実の世界とファンタジーの世界の境界なく頭も体もめいいっぱい使って思考し、夢中になってこのミステリーに挑んでいきました。
　メダカ失踪事件そのものは、偶然起こった現実の出来事であり、専門家の言い分もわかれる「本物」のミステリーでした。これを子どもたちに投げかけ、子どもの反応をみながらさまざまなしかけをしていくうちに、どんどんメダカに対して感情移入する姿がみられるようになりました。そんな子どもたちの中の「なんとかしたい」というせっぱつまったリアルな気持ちが、真剣にアイデアを出し合う姿を生み、メダカ救出へと子どもたちをつき動かしていったのでしょう。
　こうしてメダカ失踪事件は一件落着となりました。

3 お話づくりから劇づくりへ

　現実とファンタジーの境目なく、池に住み着いた生き物と自分たちが主人公の物語の中で心躍る体験をしてきたこのゆり組の子どもたちは、同時並行でお話づくりと劇づくりにも取り組んでいます。8月1日の記録です。

つづきはどうなったの？

　『おたまじゃくしのチャム』を読み聞かせると、身近なカエルがテーマだということもあり真剣に見入る子どもたち。オタマジャクシだったチャムがカエルになって終わるという結末。読み終えて保育者がなにげなく言った「チャムはおかあさんになれたのかな？」という問いかけに、意外にも（？）子どもたちは、「まだだよ」「そんなに早くはなれないよ」「だって、おかあさんは子どもからカエルになって、カエルから大きくなるんだよ」……と言う子どもたち。「そうなんだ。早くチャムもおかあさんみたいになれるといいね」としめくくろうとすると、「女の子じゃないよ」「男の子だよ。だからおとうさんになるんだよ」。

『おたまじゃくしのチャム』
竹中マユミ 文・絵
偕成社、2008年

　「どうして男の子だってわかったの？」と聞くと、「だってぼくって言ったもん」と気づく子どもたち。それから「今度この続き、見てみようよ」「チャムが大きくなった時の本、明日買ってきて」と子どもたち。「大きくなったお話はどういうのかなー、また考えてみようかね」と終わらせようとしても、「なかったらどうする？」と1人の子の発言があったので、「じゃあ、なかったら作る？」と言うと、「作る！　作る！」「そしたら、みんなで読める！」と喜ぶ子どもたち。

　こうして、保育者の予定にはなかった『おたまじゃくしのチャム』続編制作を、ゆり組の子どもたちが行うことになりました。
　『おたまじゃくしのチャム』の最後のページでは、「チャムはうれしくなってピョンピョンとびました。おかあさんとならんでじょうずにとびました」という文で終わっています。小さいカエルと大きいカエルが並んでとんでいる挿し絵です。そこで、保育者としては、おかあさんみたいにピョン

① おたまじゃくしからカエルになったチャムは、毎日べろをのばしてハエや蚊を食べていました。そして小さかったチャムは大きくなり、結婚する相手を探していました。

② チャムはすぐにかわいい女の子を見つけました。名前はりぼんちゃん。「結婚しよう」「いいわよ」。2人は新しいおうちに引っ越しをしようと池を出発。

③ でも新しく引っ越したところはなんだか様子が変です。池にはいないような生き物がいっぱい。

ピョンととぶ立派なおとなになれたのかなという気持ちを込めて問いかけたのですが、子どもたちの反応は、「おかあさんは子どもからカエルになって、カエルから大きくなるんだよ」「(チャムは)男の子だよ。だからおとうさんになるんだよ」というように、かなり真剣で、しかも科学的なのです。ただ単に、"おかあさんみたいになれたらいいな"ということではなく、どうやっておとなになっていくのか、どんなおとなになるのかということが、子どもたちには重要なことのようです。

お話を紙芝居にする

ここで午睡の時間になり、話し合いはいったん中断しますが、午後に改めて保育者が「チャムはそれからどうなったのかな?」と問いかけると、次々と発言する子どもたち。

「大きいおとうさんになる」
「池の中を泳いだりして、ハエやカを食べて大きくなる」
「結婚するんだよ」
「そうそう、すぐ見つかるんだよね」
「りぼんをつけたカエルを見つけて結婚するんだよ」
「チャムが『けっこんしましょ』って言って、りぼんをつけたカエルが『いいわよ』っていう」(照れ笑い)
「結婚したら違う池に2人で引っ越しをする」
「新潟の海に引っ越す」

④ 最初に見つけたのは、大きくてこわそうなサメ。 　　⑤ 次は、大きいクジラ！ 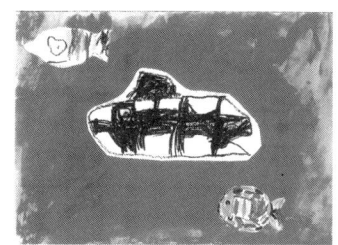　　⑥ それに、肉食のシャチも！

「カエルは海にいないから新潟の池でしょ」
「まちがって海に行ったら食べられちゃう」
「サメ、クジラ、シャチ、ジンベエザメ、バンドウイルカ、クラゲ、タコ、イカ、ゲンゴロウ」
「ゲンゴロウは海にいないよ」
「もしまちがって海に行っちゃったら、けっとばしてやっつける」
「それで逃げる」
「カエルの仲間のクラゲを呼んでサメとかに食べられないように助ける」
「魚も味方だよ」
「そしたらチャムは世界一、大きいカエルになる」
「新しい池に戻る」
「やさしい気持ちで過ごしました」

　それにしても、子どもたちのイメージする力の迫力には圧倒されます。子どもたちの発言は、そのまま物語の大まかなあらすじとして採用されることになりました。保育者が言葉の支えを入れなくても、友だちの発言からどんどんイメージをつなげていき、あっという間に続編のあらすじを作ってしまったのです。
　高見さんは、子どもたちが考えた内容を崩さないように、物語調に文章を構成しました。そして、子どもたちは、あらすじに合わせて絵を描き、描いた絵をもとに24人全員が手を加えて、『チャムがおおきくなって、にいがたのうみにいっちゃったおはなし』というオリジナル紙芝居を完成させました（136〜139頁上写真。お話は原文を一部省略）。

⑦ 他にもたくさん、タコにイカ、魚もいました。チャムとりぼんちゃんがいたのは、池ではなく、遠い新潟の海だったのです。

⑧ するとその時、一匹の大きなサメが、チャムとりぼんちゃんに向かって襲いかかってきました。ところが！

⑨ チャムとりぼんちゃんを助けるために、たくさんのクラゲたちが助けにやってきたのです。

一年の物語がつまった舞台

　そして、年が明け、毎年２月に行われる「おおきくなあれ」という生活発表会では、自分たちが作ったこの『チャムがおおきくなって、にいがたのうみにいっちゃったおはなし』を発表することに決まりました。

　役のセリフは、役の子ども同士で集まり、イメージと知識を言葉で出し合って決めていきました。たとえば、くじらの役の子どもたちの話し合いはこんな具合です。

　　保育者「このくじらって、どんなくじらなの？」
　　子ども「おっきいくじらだよ。シロナガスにしようかな」
　　子ども「そんなに大きいの？」
　　子ども「40メートルから100メートルくらいだよ。ね？」
　　子ども「そうそう」
　　保育者「じゃあさ、そんなに大きいくじらは、どんなことを考えてるんだかね」
　　子ども「シャチに食べられないように泳いでいるんだよ」
　　子ども「海を移動しないといけないしね！」
　　保育者「なるほどね〜。おなか空いたときは、どうしてるの？」
　　子ども「おっきい口あけて、小さい魚、一気に食べる！」
　　子ども「オキアミだっけ？」
　　子ども「大きい魚だって、食べるよ」

⑩ クラゲはサメをしびれさせようと、たくさん体を刺しました。チャムもいっしょに戦いました。サメをやっつけるとチャムは強くなり、世界一大きいカエルになりました。

⑪ それから、チャムとりぼんちゃんは新しい池に戻って、やさしい気持ちで過ごしました。　おしまい

絵　：ゆり組の子ども
作　：ゆり組の子ども
構成：ゆり組のおとな

　こうして、子どもたちと一場面ずつイメージをふくらませていきます。そしてお話やセリフだけでなく、衣装や小道具類、登場時の効果音に至るまで、丸ごと自分たちで作りあげていき、いよいよ、本番をむかえます。

　子どもたちは、朝からリラックスモード。待ち時間もいつものように友だちと遊んだり、寝そべって本を読んだり。衣装を着て、ホール出入口にスタンバイしても、ニコニコと楽しんでいる様子。そして、約100人が見守る中で、順番通りに舞台に出ても、おとなの心配をよそに、これまでで一番大きな声でセリフも言え、その状況を楽しんでいる子もいた。緊張して表情は硬い子も、自分のやることは、しっかりとこなし、出番を終えて、舞台そでに戻ってくると、途端に安堵の表情。すべてが終わり、部屋に戻るころには、「もうおしまい？」「みじかかった」「もう一回やりたいな」「オレはもういいわ」「おかあさん見つけた」など、どの子の表情にも清々しさがあふれていた。

　高見さんは、保護者に毎日配布する「今日の子どもたち」で、劇を作りあげていくまで子どもたちの会話や様子を細かく伝え、本番の出来よりも、そこに至るまでのプロセスがいかに大事だったのかを伝えていました。
　劇を観終わったあとの保護者の感想アンケートは、「これを子どもたちだけでつくりだすことができるなんて感動です！」「子どもたちの豊かな発想に驚きました」「枠にはめられていない子どもたちの姿。とても輝いていました！」など、当日の劇の感想だけではなく、これまでのことも含めた感想がほとんどでした。

4 一人ひとりの個性と主体性が響き合う

だれかと何かをするおもしろさが集団の質を変えた

　高見さんは、この一年を概観して、クラス集団づくりのターニングポイントは、やはりオリジナル紙芝居のお話づくりのころだったと述懐しています。
　「池を作ろうとしていたころは、子どもたち一人ひとりが、バラバラで、それぞれの興味・関心で動いていた。しっぽとりやしまわたりなどをはじめても、すーっと抜けていく子ども、苦手なことにはまるで関心を示さない子どもなど、あそびが続かなかった。でも、池をいっしょに作り、虫と池でつながって、そこからメダカ失踪事件に遭遇し、みんなで解決する経験を積み重ね、お話づくりをやっているころ、友だちとイメージを出し合うことのおもしろさを一人ひとりが実感した。みんなでやると、こんな楽しいものができる。こんな楽しい時間を過ごせると実感したのではないか。そして、その集大成として年明けの劇づくりがあった」と。
　つまり、子どもたちは、一人ひとりが、体験を積み重ねて成長していっただけでなく、一年かけてだれかと何かをすることのおもしろさを理解する豊かな協同的活動の体験者となったということなのです。

一人ひとりの物語とクラスの物語

　ここで、もう少し、クラスの何人かの子どもの様子をふり返り、子どもたちの変化を見てみたいと思います。
　かずやくんは、アクティブに遊ぶタイプではなく、どちらかといえば、集団が大きくなるとあそびから抜けていったりし、他の子に声をかけてあそびをはじめようとすることはあまりありませんでした。かといって、友だちが嫌いというわけではありません。しかし、4歳児クラスのはじめ、池を作りはじめた時、図鑑の巻末にあるビオトープのことを説明して解決

の方向性を一気に切り開いてくれたのはかずやくんでした。みんなの知らないことを、本を開きながら、しっかり説明してくれる博士のような存在で、わからないことがあると「かずやくんに聞いてみよう」「かずやくんだったらきっと知ってるよ」とだれからも頼られるようになっていきます。池づくりやメダカ救出作戦など、さまざまなプロジェクトの中の困難な場面にこそ、かずやくんの活躍の機会があったのです。得意なことや長所が引き出されただけでなく、みんなに認められていく中で、少しずつ引っ込み思案なところが変わっていったのでした。

　だいきくんやおさむくんは、リーダー気質で虫好き。4月の最初から輪の中心にいました。池づくりの時にも、やろうやろうと真ん中で乗り気だった子どもたちです。声も大きく、まわりの子どもたちのあこがれの存在でした。しかし、絵が苦手で、そうした苦手なことには臆病なところもありました。ところが、池に虫が来てほしいねと絵を描く取り組みがはじまった時には、「もっと描く、もっと描く」と何回も描き、一枚描くごとに絵がくっきりはっきりと変わっていったのです。虫への思いの強さが表現にあらわれたのでしょう。

　この、だいきくんたちにとくにあこがれていたのが、きょうたくんでした。でも自信なさげにいつも女の子のあそびの輪の中にいました。女の子の中にいると居心地はいいけれど、じつは、男の子たちへのあこがれが人一倍あったのです。その後、彼は、メダカ救出作戦で変わっていきます。ひらめいたアイデアがみんなに認められ、自信をつけると、少しずつ男の子たちのあそびへの接近をはじめます。「ねえねえ、だいきくん、だいきくん、これ見てごらんよ」と大きな声でだいきくんを呼ぶきょうたくんの声が聞こえるようになっていったのでした。3歳後半以降、固定化していた友だち関係が、いくつかのプロジェクトを経験することでまた新たな変化を見せてきたことがわかります。

　女の子の中で、目立たないけれど一貫して池とかかわってきたのは、いくみちゃんです。だれよりも池のことを気にかけていて、園庭に出ると、真っ先に池に向かうのは、決まっていつも、いくみちゃんでした。毎日必ず観察しているので、「テントウムシがいる」「昨日咲いてなかったのに、今日は花咲いてる」と、ちょっとした変化を発見します。池ができてしばらくして、池がもう当たり前の存在になってしまっていた中、小さな発見を

保育者やみんなに伝えてくれるいくみちゃんは、クラス全体が池への関心を持続させていくうえで貴重な存在でした。

このように、この実践の子どもたちは、一人ひとりが自分の個性を仲間の中で発見し、開花させ、かけがえのない物語を作っています。彼らは、彼らのしかたで、池や、虫との出会い、メダカ失踪事件や救出作戦、カエルのチャムのお話づくりや劇づくりにかかわっていきます。子どもたち一人ひとりの物語と、クラス集団の物語が、横糸と縦糸のように織り合わさって、クラス全体の物語が創造されていったのです。

子どもたちは「意味をつくりだす主体」

高見さんは、どの子も自分の思いを表現できるようなクラスの雰囲気づくりを大切にしてきました。その安心できる自由さが感じられたからこそ、子どもたちは、のびのびと想像力を働かせ、自分たちで、お話のあらすじや劇のセリフなど、一つひとつを決めていく、つまり自己決定していくことができたのだろうと思います。「自己決定力」を育てる保育は、子どもとともにつくりあげていく保育の中にあるのです。

この実践で重要なのは、保育者が、子どもを「意味をつくりだす主体」としてきちんと位置づけ、子どもと対話しながら保育をつくりだしていることです。この実践では、子どもが環境とかかわって発見し、思いつき、発言する姿を、「子ども自身が思考し意味をつくりだしている姿」としてきちんと意味づけているのです。子どもが言いはじめたことや行っていることに保育者は意味を見出しているのです。

そこから、保育者の主体性と、子どもの主体性の響き合いが生まれているのだといっていいでしょう。一人ひとりの子どもが個性を花開かせ、取り組みの中でいつの間にか重要な役割を果たし、力を発揮していることも、そんな響き合いの中だからこそ、実現できたのかもしれません。

子どもとともにつくる保育の中で育つもの●第5章

> **実践　えいたくんの葛藤**
>
> 　虫の好きなえいたくんのところへ5歳児クラスの子どもがやってきた。
>
> 　5歳児「カマキリのエサにするから（えいたくんが世話している）コオロギ1匹
> 　　　　ちょうだい」
> 　えいた「え？　何を？」（すごく驚いた表情）
> 　5歳児「コオロギ」
> 　えいた「えーっと……でもな……、うーん、どうしよ〜……、ちょっと、それは
> 　　　　〜、かわいそうなんだけど……」
>
> 　すごく困って、表情がひきつるえいたくん。
>
> 　5歳児「1匹だけでいいから！」
> 　えいた「えーどうしよう……なんかわかんなくなってきちゃった」
>
> 　ついに頭を抱え込むえいたくん。
>
> 　5歳児「1匹くれるか、ダメか、どっちかってこと！」
> 　えいた「ああ、そっかあ……、えっと、じゃあ……（ひらめいた表情で）今度、
> 　　　　バッタとったらごはんであげるのと……どっちがいい？」
> 　5歳児「コオロギ！」
> 　えいた「…………じゃあ、1匹だけね」
>
> 　最後は、もはや納得、という感じのえいたくんでしたが、2人で虫カゴに取りに行くと、えいたくんは「あかちゃんはだめ」「大きいのにして」「それはダメ！」「こっちのヤツ！」と指示。5歳児も、そこはえいたくんの言うことを聞いて、1匹だけもらい早速カマキリのカゴへ。えいたくんも、いっしょにじーっと見ていて、「これじゃダメ。カマキリのおなかが大きくなってるからたぶんコオロギ食べないわ」とちょっと安心した様子でした。
>
> （高見亮平、4歳児クラス「今日の子どもたち」2012年10月2日）
>
> **　本当は大事なコオロギをあげたくないえいたくん。ですから「あげない」と言いたいところなのですが、カマキリにもエサは必要だというのもわかっており、「うーん、どうしよ〜」と文字通り頭を抱えて悩みます。
> 　しかし、やっとひらめいた方法＝「バッタとったらごはんであげるのと……」（バッタをつかまえたらそれをあげるから、コオロギはかんべんしてよ、ということでしょう）も、5歳児にあえなく却下され、とうとうコオロギをあげることを決意しています。
> 　コオロギをとるかカマキリをとるか、「5歳の要求にこたえるか」「自分の大事なものを守るか」との間で揺れ動き、最後の最後まで、「あかちゃんはだめ」「大きいのにして」と要求を出しながら、"あげたくない"と"あげないといけない"の間で考え抜くえいたくんでした。**

第Ⅱ部 ● 4歳児クラスの実践の展開

column 自然と出会う・命にふれる

宮武大和　北海道・トモエ幼稚園

1　春の雪解け水。
　　水しぶきがおひさまの光で
　　キラキラ光ってる。
2　いっぱいの桜の花。
　　花びらはいくつあるのかな？
3　たんぽぽの花束。
　　だれにプレゼントしようかな？

7　雪で作ったケーキに松ぼっくりと
　　ナナカマドの実で飾りつけ。絵の
　　具で色をつけたらできあがり。

6　冬の川あそび。雪玉がどこまで流れていくかな。

4　大きなフキの葉っぱで変身！ライオン？ エリマキトカゲ？

5　秋の沢探検でキノコをいっぱい見つけたよ。

8 生まれたてのカエルのたまご、透明でぷるぷるしててゼリーみたい。
9 カエルってぬるぬるしていて、つかまえるのがむずかしいね。 
10 ナメクジの歩いたあとには道ができるんだね。
11 赤とんぼと仲よしになったよ。
12 ミミズをエサに川で魚つり。何がつれるかな？

第Ⅲ部

4歳児クラスの保育をデザインする

計画づくり・おとな同士の関係づくり・記録と話し合い

第Ⅲ部 ● 4歳児クラスの保育をデザインする

第1章
今年の4歳児クラス、どうする？
――保育者同士の対話と思考

　子どもとともに保育をつくっていくことが大事だといっても、保育者同士で保育目標や大切にしていきたい保育内容を明確にしていかなければ保育は進みません。今年の4歳児クラスの保育を、今年の担任がデザインしていくためには、まずは担任同士がよく話し合い、保育観・子ども観をすり合わせていく必要があるでしょう。第Ⅱ部に登場した保育者たちは、どのように話し合いをしているのでしょうか。

❶ 今、子どもたちに保障したいことって何？
　　　――どの子も安心して自分の思いを出せるように

　第Ⅱ部に登場した柚木武蔵野幼稚園の羽田さんは、グループの名前を決める話し合いをていねいに進める実践（2007年度）、「前回りができるようになりたい」という2人の男の子の葛藤を受け止めた実践（2008年度）、みてみてコーナーの実践（2009年度）と続けて4歳児クラスを担任しています。ここでは、2009年度のはじめに行った4歳児クラス担任（この幼稚園では、4歳児クラスは3クラスあり、それぞれ一人担任で運営されている）の話し合いの様子を再現してみましょう。
　話し合いに参加しているのは、10数年のキャリアを持ち、4歳児クラスの

担任も7回目のAさん（羽田さん）、保育者としては10年のキャリアを持ちますが4歳児クラス担任ははじめてのBさん、保育者2年目で前年に引き続き再度4歳児クラスを担任する男性保育者Cさんの3人です。まず、昨年度の反省や今年度の保育への抱負を出し合いながら、子どもたちの姿をどうとらえたらいいのか話し合っています。

"思いを出す"を可能にする保育とは？

A「どんな1年にしていこう。Cくん、保育者1年目の去年はどうだった？」

C「ハラハラドキドキの1年でした。でも劇づくりの取り組みは子どもが変わっていくのでやりがいがありました。もっと、子どもの葛藤に寄り添ってあげたかったな。今年はうまく支えていきたいと思います」

B「私は、4歳児ははじめてだし、やりがいのある時期なのでとにかく楽しい一年にしたいな。それから、"今の子ども"をしっかりとらえた保育をしていきたいと思います」

A「"今の子ども"というのは？」

B「幼稚園に入園してくる子どもたちは、それまで日中、家庭でおかあさんと一対一で生活してきた子どもが多いじゃないですか。おばあちゃんやおじいちゃんも含めて、おとなのまなざしを一身に受けて育ってくるので、おとなの期待でがんじがらめになってるって思うんです。だから、自分を出せていないし、出す方法もわからない。だからこそ、まずは幼稚園って楽しいって思ってもらえる活動をいっぱいしていきたいし、自分を出していいんだよっていうメッセージをたくさん子どもに送っていきたいですね」

C「ぼくも、それは去年感じました。ただ、"自分の思い"を出し合うことだけでよしとするんじゃだめなんですよね。うまくいかなかったけど、そのための保育者のかかわりが大事なんですよね」

A「そうだよね。"自分の思い"を出すことが大事ってよく言うけど、自分の思いを出せる場とか、そもそも思いを持つことができるようにする取り組みとかが必要じゃない？」

B「自分の思いの先の取り組みも考えていきたいですね。それに、自分の好きなあそびを思いっきり子どもたちにさせたいけど、最初は何が自分にとって好きなあそびなのかわからないだろうから、あそびを選択できるよう

に、環境を工夫していきたいですよね。室内にいくつかコーナーを作ったり、園庭でもいろいろなあそびを用意していきたいですね」

　ここで重要なのは、"自分の思い"を出し合うことが、目の前の子どもたちにとって大切な課題であることを確認しつつ、どのような取り組みが必要なのか、保育内容に踏み込んで話し合っていることです。

　話し合いの中の「**自分の思いを出せる場とか、そもそも思いを持つことができるようにする取り組みとかが必要じゃない？**」という発言の先に、第Ⅱ部第2章で紹介した"みてみてコーナー"の実践が生まれたこともわかります。

　この保育計画の話し合いの中では、保育者たちはさらに、「**自分の思いが認められる中で、自己肯定感が育っていくんだよね。だからこそ、仲間の中で自分の本当の思いが出せたり、認められることを大切にしていきたいね**」と確認しています。このように、「仲間の中で」を大事にする視点は、第Ⅱ部第2章で紹介した「グループの名前決め」など、羽田さんの過去の4歳児クラスでのていねいな「話し合い」の取り組みの経験が反映されているのかもしれません。

なぜそこにこだわるのか──自分自身をふり返る

　つづいて3人の保育者たちは、年齢ごとの発達的な理解を深めたうえで、その年度でこだわっていきたいことを次のように率直に出し合っています。

　　Ｂ「自己決定力って大事ですよね。さっきの"今の子どもたち"の議論の中でも、全部まわりのおとなが敷いたレールの上を歩いてきて自分で決められなくなっている子どもが多いということが出ていたじゃないですか」
　　Ｃ「そういえばぼく、自己決定力ないんです」
　　ＡＢ「なんでそう思うの？」
　　Ｃ「ぼく、反抗期ないんですよ。反抗的に自分を出し切るってことしてこなかったんです」
　　ＡＢ「どうしてだろう」
　　Ｃ「兄貴がものすごく反抗的でそれを見ていたから……なんかあんなふうに行

動するのはいやだなと思ったからかなあ」
A「じゃ、自分で決めてきたんじゃない。自分で自分の生き方を選んできたってことだと思うよ」
C「あっそうか」
B「でも、私たち自身も、自分で考えて自分で決めていくことを大事にしていきたいよね」
A「自分で考えて自分で決めていくことって、人間としての幸せを感じることができるってことにもつながっていくよね。今の社会の中で何を考え何を選んでいくのか、自分の思いや考えから出発して"これでよかった"って思える人生を歩んでいくためにも、自己肯定感をしっかり育てていくことって大切なんじゃないかな」
B「まわりが見えてきて、自分と他者との比較がはじまる４歳という時期だからこそ、自分に対する自信をしっかりしたものにしていきたい、集団の中にいるからこそ見えてくる思いも大切にしていきたいね」
A「それじゃ、今年の４歳児クラスでこだわっていきたいことは、〈自分で考え自分で決めていく力を育てる──自分で考え自分で決めていく思いをもった集団づくり〉としよう。自分の生活を主体的につくるということも入れたいね」

　このように、保育者自身が抱えている問題も出し合いながら**「自分で決めるということ」**の意味を深めています。そして、管理されて育ってきた自分をふり返りながら、子どもが自分で決める力を育てていくためにも、**「保育者自身も自分で考え自分で決めていくこと」**を大事にしていこうと確認しています。こうして、話し合っていく中で、この年度の４歳児クラスの保育のねらいが決まっていきました。

"今年"の子どもたちをしっかり見る

　もう１点、ここでおさえておきたいのは、４歳児という発達的な特徴はふまえながらも、"今年"の具体的な保育目標は、目の前の"今年"の子どもたちを保育者自身が見たうえで、導き出していくという作業が必要だということです。たとえば、４月の新入園児や進級児の様子については次の

ように話し合っています。

A「新入園児は、新しい生活がはじまってまだ不安なのか、泣く子もいたけど、担任を拠り所にして、かなり慣れてきたよね」
B「一日の生活に見通しがもてるように、生活のしかたとかていねいに伝えると安心して過ごすことができるよね」
A「自分の居場所を確保することも大事だよね。以前、自分のロッカーに小さくなって入っちゃった子がいて……、"自分の場所"っていうだけで落ち着くんだろうね。ロッカーだけでなく机にもマークを貼っておくことが必要かもしれないね」
C「そういえば、進級児さんたちは、なかなか一筋縄ではいかないです」
A「年中組になった喜びと新しい環境への不安が入りまじってるし、前の担任への思いもまだ強いから、ちょっと出方が複雑だよね。新しい担任になついてあとをついてくる感じじゃないでしょ」
B「新入園児のために3歳児クラス向けの絵本を読むと、"ソレ、ミタコトアルー"って言って、外に出てっちゃうんですよ」
A「進級児はなかなかダイレクトに信頼を寄せてこないけど、楽しいあそびや活動をくり返していくと確実に信頼を寄せてきてくれるから、まずはこの時期の信頼関係づくりが大事だよね」

こうして、保育者たちは、喜びと不安が入りまじる4月の4歳児の姿をとらえながら、「ロッカーの中に小さくなって入る子がいるから、安心できる居場所が大事だね」とか、「机にもマークを貼ってあげよう」などと、保育の中で工夫できることを出し合っていきます。

保育を「デザインする」とは？

もちろん、このように「こうしていきたい」と考え合って立てた計画も、途中で変更を余儀なくされることもあるでしょう。あらかじめ立てておいた計画に則って保育が進むわけではなく、思わぬハプニングや、保育者や子どものひらめきで、もっと楽しくておもしろい保育が展開されていくこともあります。

つまり、保育実践をデザインしていく際に重要なのは、まず、目の前の子どもを理解すること、そして、家庭と地域そして子育ての状況を理解すること、そのうえで、自分たちの保育観・子ども観・人間観・自然観（たとえば、子どもたちに出会わせたい自然や文化とは何か、どのような環境が必要なのか、など）をすり合わせながら、自分たちの保育をイメージし、1年間の保育実践をデザインしていくことではないでしょうか。

　ここであえて「保育計画の作成」ではなく、「保育実践のデザイン」という言葉を使ったのは、保育のねらいと保育内容の年間指導計画ではおさまりきれない保育者の細やかな思いが盛り込まれていることと、子どもの状況に応じて実践を柔軟につくり直し、展開していくという意味も含まれているということを表現したかったからです。

　保育者は、他の保育者や職員との学び合い・育ち合いを土台にして、自分たちの保育をデザインしていくことが重要です（図1）。最初に活動ありきではなく、まずは目の前の子どもの姿や、子どもの要求やあこがれに目を向け、そこでキャッチした子どもの声を起点に、子どもとともに保育をつくっていくプロセスは、とまどいや不安、一人ひとりのこだわりも出し合える保育者同士のオープンな話し合いによって支えられているのです。

図1　保育者同士・職員同士の学び合い・育ち合いと保育実践のデザイン

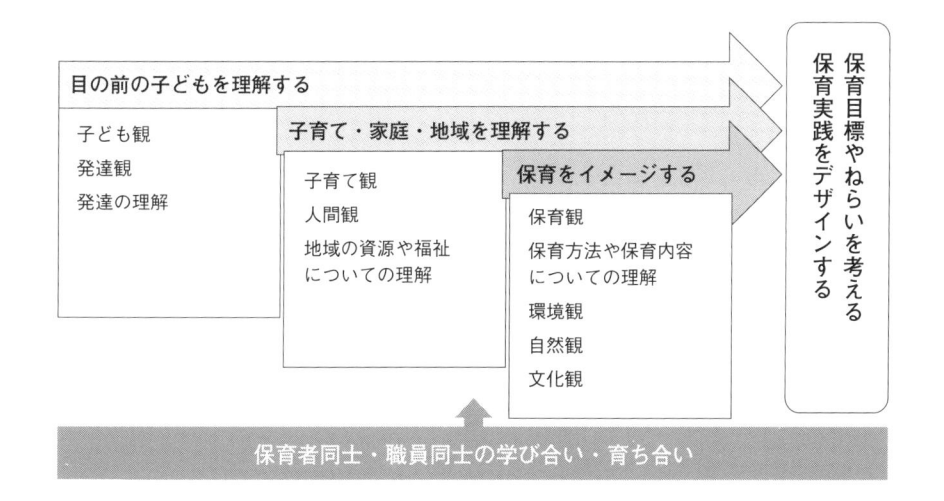

目の前の子どもを理解する	子育て・家庭・地域を理解する	保育をイメージする	保育目標やねらいを考える 保育実践をデザインする
子ども観 発達観 発達の理解	子育て観 人間観 地域の資源や福祉についての理解	保育観 保育方法や保育内容についての理解 環境観 自然観 文化観	

保育者同士・職員同士の学び合い・育ち合い

❷ おとなの願いと目の前の子どもの姿との間
──「4歳らしさ」を押しつけず4歳のプライドも大事にする

　4歳児クラスを担当することになった保育者が、保育を進める中でわき起こってくる疑問の1つが、「目の前の子どもたちは、4歳児として育っているのだろうか。自分は4歳児に適切なかかわり方をしているのだろうか」ということではないでしょうか。年度はじめに、職員会議で出し合った保育目標や、4歳児クラスが目指す子ども像に照らして、実際の子どもたちの姿がズレていた時、ともすると、その子ども像に引き上げようとあせってしまうこともあるでしょう。先輩保育者からのプレッシャーもあるかもしれません。

これが「4歳児」⁉

　小俣幼児生活団の須永和子さんは、ある年、久しぶりに乳児クラスから幼児混合クラスの担任（5歳児6人・4歳児12人・3歳児8人）になり、子どもたちの荒れように衝撃を受けます。

　まず衝撃を受けたのは、4歳児男児2～3人が室内を落ち着きなくバタバタと走りまわり、他児が積み木で塔を作っているとそれをこわし、保育者にその被害を訴えている子どもめがけて、積み木を投げたり、強く蹴飛ばしたりしている姿です。保育者が「言葉で伝えようね」と話してもそれを振りきります。なかでも気になるのがひさしくん。食事中、ふらふらと動きまわり、食べ物の中に木の実やビーズを入れてしまったり、午睡中、寝ている子の上に乗り、泣くとより一層はげしく攻撃してしまいます。絵本の読み聞かせ等の時も集中できず、話をしようと思っても目を合わせようとせずじっとしていませんでした。❶

❶ 以下、須永和子（栃木・小俣幼児生活団）実践記録より抜粋・編集、子どもの名前は変更。

　須永さんたちは、こんな子どもたちの姿にとまどいながらも、「不適切な行動は深追いせず、こわれたものをゆったりとした手つきで直したり、片

づけるようにする」「なにげない時に『おはよう、元気？』などの言葉をかけ、戸外での追いかけっこや庭の散策に誘い、落ち着いた心地よい時間をつくるよう心がける」という方針で、ていねいに子どもたちとかかわっていきました。

そしてようやく保育者とのいい関係が築けてきたかなと思った矢先、今度はそれまで比較的落ち着いていた子どもたちの中にも、気になる行動が見られるようになってきました。

夏になり、水あそびやプールあそびなどが主になり、保育者の手伝いを積極的にしたり、ルールを守り合うなど、生活を快適にしようとする面も見られはじめました。子どもたちが、保育者がいないところでも、２～３人で園庭で遊ぶようになった反面、今までいっしょに行動していた子ども同士が、無視したり仲間はずれにしたり、他児の嫌がることをするなどの行為も頻繁に発生し、保育者との関係より、子ども同士との関係（抗争）に力を使いはじめ、毎日争いが多く、落ち着きのない子どもたちでした。

そんな中、ひさしくんが再び荒れた姿を見せます。

ある日の午睡時、他児を思い通りにしようとしたひさしくんが思い通りにならないことに腹を立て、はげしくたたいたり蹴飛ばしたり攻撃をはじめました。その行為を止めさせようとすると「オレは悪い子だ、悪いココロなんだ」と大きな声でわめきます。保育者は彼と退室し、静かになるのを待ち、お茶をいっしょに飲むことを誘いました。保育者は今までの行為にはふれず黙ってお茶を飲んでいると、保育者の表情を見ながらニコニコとお茶を飲み、こぼれると「あっ、こぼれちゃった」と言いながら自分でテーブル拭きを見つけ、ていねいに拭きはじめたのです。そんな、いろいろな面を出す子どもたちに、めんくらう保育者でした。

「抱っこゲーム」ってなあに？

須永さんたちは、落ち着くと朗らかな表情を見せながら、時に見たこともないような荒れ方をするひさしくんの姿にとまどい、こうした感情の起伏のはげしい子どもたちとどうかかわっていったらよいのか悩みます。

このころ、須永さんは、先輩保育者から「"抱っこゲーム"をしてみたら」と言われます。"保育者とジャンケンをして、子どもが勝ったら抱っこをする。反対に保育者が勝ったら、子どもに抱っこしてもらうというゲーム"です。無条件で抱っこをするのではなく、ゲームという設定で行うことにより、4歳児のプライドを崩さなくてすむ——これはおもしろそうだと、須永さんは早速やってみることにしました。

　　保育者「今日は抱っこゲームをしたいと思います」
　　子ども「え〜っ！　抱っこゲーム、なにそれ〜」

　言葉では「え〜」と言いながらも、子どもたちが顔を見合わせ、興味あるあるというように、次の保育者の言葉を待っています。

　　保育者「あのね、先生とジャンケンして、先生が勝ったら先生が抱っこしても
　　　　　らうの。でも、先生が負けたら先生が抱っこしてあげるの。どう？」
　　子ども「え〜っ！　先生を抱っこするのー？　でも、したい、したい」

　「先生を抱っこするのは大変そうだよね」「勝つようにがんばらなくちゃ」という言葉もあちらこちらから聞こえました。なかには、「ゲームしたくない」という子もいました。

　　保育者「それでは、参加する方は、こちらに並んでください」

　ほとんどの子が我先に並びました。いつもはそれだけでもトラブルが発生していたのですが、「絶対勝とうね」「抱っこしてもらおうね」と言いながら、思いを分かち合っている姿があちこちにみえます。
　一人ひとり並んだ順でジャンケンをはじめました。順番を待ちながらもその行く末を見守る子どもたち。子どもが勝つと「わぁ〜！　よかったね」と他の子どもも喜びます。抱っこしてもらっている子と同様の表情を他の子もするのです。
　そして、保育者が勝ち、「抱っこしてもらいます」と言いながら、いすに子どもが座り、「抱っこ〜！」と言いながら、ちょっとオーバーに抱っこをしてもらうような体勢になると、他の子が「わぁ〜！」とその様子をおもしろがります。

参加せずに見ていた子もいつの間にか並んでいました。

　負けてしまった子が、もう一回挑戦だと言いながら再び並びます。子ども同士、「もう一回する？」と声をかけ合いながらまた並ぶのです。ひさしくんも、他の子どもたちといっしょに並び、何度も勝っては保育者に抱っこされてうれしそうな顔をしていました。前に並ぶ子どもと顔を合わせニコニコしていました。

　その後、午睡時、ふとんに入ってからも子ども同士で、「わたしは1回先生を抱っこしたよ」「ぼくは2回とも抱っこしてもらった」と、話に花が咲きました。そのゲームも何度かリクエストがあり子どもたちと楽しみました。

友だちが心地よいと自分も心地よい

　保育者におおっぴらに抱っこしてもらえるこのゲームを喜んだのは、ひさしくんだけではありませんでした。ぎすぎすした雰囲気が続くクラスの中で、安心感をもてずにいたのは他の子どもたちも同じだったのです。抱っこされる側にまわっても、抱っこする側にまわっても、ちょっぴり恥ずかしくてうれしい気持ちになり、見ているまわりの子どもが「わ、いいなー」「よかったね」と、あたたかい気持ちになる"抱っこゲーム"。

　このクラスのように、子どもたちと信頼関係を築こうにも、保育者が子どもと向き合うという二者関係から出発するという方向性だけでは解決できない場合も多いでしょう。あそびの中で心地よさを広げることで、一人ひとりも安心でき、少しずつ仲間にも心を開いていくことができるのだと

考えられます。友だちが心地よいと自分も心地よいと感じる4歳児。逆に言うと、まわりが心地よくないと、自分も安心できないのが4歳児なのでしょう。

本当は仲間と遊びたかったひさしくん

　心地よさを広げるといっても、赤ちゃん返りをさせるのが必要だと言っているのではありません。4歳児には4歳児のプライドがあるのです。4歳児のプライドを大事にしつつ、なおかつ、4歳児におとなが掲げる目標を一方的に押しつけない保育を保育者が工夫することが必要です。そうした工夫の中で生まれたあそびが、この"抱っこゲーム"だったのでしょう。

　「保育者と友だちのほっこりした関係を見るゲーム」ですが、同時に「甘える自分の姿を友だちに見せるゲーム」でもあります。本当は、甘えたいけれど、うまく表現できずに不適切な行動をくり返す子どもにとって、「甘えることがルール上許される場」「甘える自分を遠慮なく友だちに見せられる場」であったのです。甘えていいんだ、甘えたいという気持ちを持つことはいけないことではないんだと思えること、そして、そういう自分が仲間の中で認められること、これを感じられることが、このゲームの醍醐味なのでしょう。

　ひさしくんはその後、ボールあそびやいすとりゲーム、はないちもんめなどのルールあそびにも、「ぼくもする」と入ってきて、静かに待つ姿や、順番を守って遊ぶ姿がみられるようになっていきました。

　ひさしくんは、本当は保育者に甘えたいだけではなくて、認めてもらいたい、友だちとも共感し合いたいと思っていたのだと思います。だからこそ、このあそびをきっかけとして仲間ともつながり、他のあそびにも入っていけるようになっていったのではないでしょうか。"4歳児とはこういう子ども"というような既存の4歳児像と実際の子どもたちの姿とのズレに悩むときには、表面に見せている姿のうしろにある4歳児の本当の願いを探りしっかり受け止めることが、保育者と子どもの意図のズレを見つめ直し、目の前の子どもとともにつくる保育へと踏み出していく出発点となるのです。

③ 保育者の価値観が揺さぶられるとき
───子どもを保育の主人公に

　前節までに見てきたように、年度はじめに保育者同士で話し合いを重ね、子どもへの願いを保育計画に盛り込んでも、目の前の子どもたちの状況とかみ合わないことがあります。子どもの声を聴きながらいっしょに保育をつくっていこうとすれば、なおさら計画には書かれていない展開がどんどん生まれていくことも第Ⅱ部で見てきました。そして「子どもとつくる保育」は、単に「計画の変更」にとどまらず、保育者の保育観や価値観そのものを揺さぶることもあるのです。

　第Ⅱ部第４章で、モノとの自由な出会いを大事にする実践を行った和光鶴川幼稚園の進藤さんが、先輩保育者からアドバイスを受けて保育を見直していった時の様子を、もう少しくわしく見てみましょう。

理想はわかる。でも……

　お財布づくりの取り組みで、あらかじめお金と切符の印刷してある紙を子どもたちに配布して、切り抜いて使ってもらおうと思っていた進藤さん。前日の職員会議で、「作ったものでの遊び方まで規定してしまうのはなぜ？」と指摘されます。先輩保育者から「それで本当に子どもは楽しいの？」と突きつけられ、小さいころの記憶がよみがえってきます。

　算数で、黒板に筆算の答えをまちがえて書いた友だちを見て、"みんなの前でまちがえてかわいそうだな……"と思ったこともありました。その子がどう思っていたのかわかりませんが、いろいろ思い返してみると、そんなふうに感じていたのは私だけではなかったと思います。正しい答えが導き出せればそれでいい、正しい方法を覚えればいい、とされていたような気がします。なぜ違う答えを出したのか？　という経緯やその友だちの考えをたどっていくようなことはなかったと思います。

幼稚園の教師になって、子どもがつまずいたとき、私の中には"なんとかしてあげなくちゃ！""大丈夫、大丈夫！"とあわてるような気持ちがありました。まちがえたら恥ずかしい。まちがえた子もかわいそう——それは私が持ち続けてきた価値観だったのかもしれません。

そんな進藤さんにとって、「保育者が前もってあそびを予測してしっかり準備する」とは異なる保育観を語る先輩の言葉は、すんなりと受け入れることができないものでした。「理想はわかる。でもみんなバラバラになったら収拾がつかなくなる」と、不安がぬぐいきれなかったのです。しかも、「お財布づくり」「袋づくり」のあとには、保育参観での「肩掛けカバンづくり」がひかえていました。

「親が見ている前では、はじまりと終わりがきちんとあるものにしたい」「あそびもこちらが見通しを持って準備できるものにしておきたい（ただでさえ緊張する参観で、途中もし子どもに「先生あれちょうだい！」と言われたときに、手が行き届かなかったら困るから）」「保育者の手も多数あるわけではないのに、子ども一人ひとりの思いを汲みとれないのでは……」「なるべく失敗させたくない」「先輩のようにできたらきっと子どもも楽しいだろうけど、自分には無理だな」……とさまざまな気持ちが入りまじり、もんもんとします。

「中身」をふくらませるのは子どもたち

ところが、そんな進藤さんが、「子どもがどう楽しむか見てみよう」という境地へ変わっていったのは、なぜでしょうか。

このクラスで取り組んだ教材は、お財布や袋など「中身」について想像力をふくらませることのできるものでした。日常的に身近な素材であり、「中身」はなんでもいいからこそ、いろいろなごっこあそびに展開できます。

子どもたちのお財布がそれぞれ完成したあと、進藤さんが前日の先輩の言葉を受けて、半信半疑で子どもたちに白紙を渡すと、子どもたちは自分たちで、さまざまなチケットをどんどん作っていき、それを使って互いに交換したり、レストランごっこをはじめたりします。袋づくりでは、完成した袋に自らの腕や頭を入れてお相撲さんやコックさんになったり、新聞

❷ 以下、進藤真帆（東京・和光鶴川幼稚園）4歳児クラス実践記録「1学期の紙工作の実践を通して——子どものひらめき・つまづき・発見を共有しながら」（2009年）より抜粋・編集、子どもの名前は変更。

紙で作った袋では、たまたま表に出て来た広告を生かして「おせんべい屋さんごっこ」をはじめたりと、あそびを発展させていく子どもたち。

　子どもの「つまずき」は、「いけないこと」ではない、それどころか次のあそびをおもしろくしてくれるヒントになるんだと、こうした子どもたちの姿から少しずつ気づかされていきます。

　このような楽しい紙工作の経験を積み重ねていくうちに、子どもたちの中にも作りたいもののイメージがどんどんふくらみ、豊かになっていったこと、自分のほしいものを自分で考えて作ることのできる自信が、子どもたちの中にしっかりと芽生えていったことを目の当たりにしたことが、進藤さんの価値観を変えていきました。

　答えは１つではなく、無限にあると思えば、あそびはもっと楽しくなるのに、わざわざ１つにしぼってあそびを固定的に考えているのは、じつは私たちおとなのほうだったりするのです。一本のモノサシで測られ続けて育ってきた保育者も多いと思います。そんな保育者の一人だった進藤さんは、多様な価値観で物事を見る見方のほうが、保育がおもしろくなることを、職員会議での先輩保育者の一言から学び直したのです。

子どもたちの協同性を追究する保育者同士の同僚性

　それからもう１つ、保育をつくっていくプロセスで大事なことは、まわりの保育者とどのような関係性をつくっていくかということです。とくに若手の保育者の中には、先輩保育者との連携の中で保育を進めていこうとする時、ともすると、指摘されるのを避けて、保育をきれいにまとめようとしがちです。しかし、そもそも保育者一人ひとりに個性があるように保育実践こそ多様性に富んでいると考えるべきなのではないでしょうか。きれいにまとまった保育、見栄えのする保育に目を奪われがちですが、子どもの発想力や想像力を信じること、そして、保育者一人ひとりの発想力や構想力を信じることも大事です。

　進藤さんの職場には、子どもが本当に楽しいと思える保育をつくりだしていこうという一致点があって、進藤さんもそれを目指していたからこそ、職員会議での先輩保育者の言葉を受けて、半信半疑ながらも「白紙を渡してみる」ことに踏み切り、自分の保育をふり返ることができたともい

えるでしょう。

　今の日本の保育現場の中には、正規・非正規の職種の違いが壁となって十分な連携がとれていない現場や、「協働」よりも「指導」の文化が強い職場が依然として多くあります。しかし、そんな中だからこそ、園内の職員・保育者の間に、お互いの自主性や自律性を阻害することなく保育をふり返り語り合いながら、ときには指摘もし合える協働的関係や「同僚性」を意識的に築いていかないかぎり、子ども同士の協同も、「子どもとつくる保育」もつくりだしていくことはできないのではないでしょうか。引き続き、次章で具体的に考えてみましょう。

❸ 本書54頁参照。

第2章
子どもとともに育つ保育者たち

――はじめて4歳児クラスを担任した若手コンビの一年

❶ 「このクラスが大好き」を支えた園長・主任

　第Ⅱ部第4章で、子どもたちととことんドロケイを楽しんだE保育園の橋村さんと中島さんの実践では、子どもを固定的に見ないで、発達可能性を信じて働きかける保育者の姿勢が印象的でした。

　2人が1年をふり返ってもっともつらかったのは、7月末、ふうやくんが小さいクラスの子をたたいてしまった時だったと言います。不快なことがあると「ブー」と唾を吐いたり、たたいたり、物を投げたりするふうやくん。まわりのザワザワする雰囲気に午睡できない日が続いていました。しかし、電車が好きで、友だちと電車ごっこをするなど、楽しく遊ぶ様子も見られはじめた矢先、事件が起こります。登園してきたまさるくんのおとうさんの目の前で、まさるくんの弟の頭を突然たたいてしまったのです。おとうさんは怒り、「明らかにまわりの子とは違っている。毎回見るとき、奇声をあげていたり、だれかを押したりしている。はっきり言ってまわりにとって害でしかない」とまで言われてしまいます。

❹ 以下、橋村志帆・中島琢也（東京・E保育園）4歳児クラスの保育記録および職員への聞き取りより抜粋・編集。子どもと保育者の名前は変更、個人情報にかかわる記述は一部割愛・変更。

「ふうやくんも含めてうさぎ組」の信念は曲げない

　朝の廊下でのやりとりに異変を察知して、急きょおとうさんに職員室に

来てもらい園長同席で面談をすることになった中島さん。「やるべきことを自分はきちんとやっていたのか？」と落ち込んで、「この日の翌日は、正直言って出勤したくなかった」という中島さん。

しかし、ここで驚きだったのは、同席した佐藤道子園長の一言でした。おとうさんに真摯に謝罪しつつも、毅然と「ふうやくんも含めてうさぎ組、ふうやくんがいないとうさぎ組ではないんです」「どの子もみんな大切です」と言い切ったのです。おとうさんも、このあとふうやくんを否定する言葉を続けることはありませんでした。

佐藤園長は、「どの子の思いにもしっかり寄り添っていきたい」「どの子も楽しいあそびを経験してほしい」という橋村さんや中島さんの思いを理解して背後からしっかり支えています。そして「橋村さんと中島さんはだれよりも楽しそうに遊ぶ。子どもの思いを共有しようとしている」と、2人の保育を評価します。橋村さんは、「そうやって園長が認めてくれた時のうれしさがあるからがんばれるんですよね」と話してくれました。

第三者の視点もまじえて保育を具体的に語り合う

さらに、もうひとり、2人を支え続けていたのは、高瀬由美子主任（当時）でした。1歳児クラスからずっと持ち上がっている2人を近くで見守ってきた高瀬さんは、このクラスの子どもたちが2歳の時の担任として橋村さんや中島さんとも組んでクラス運営をしていたため、このクラスに気になる子どもが多いこともよくわかっていました。

橋村さんは、2歳児クラスの時に、なつきちゃんの担当としてどう保育を進めていったらいいのかわからなくなり、保育中に涙が止まらなくなったことがありました。その時支えてくれたのも、高瀬さんでした。保育の中で、まだやるべきことがあるのではないかと、一つひとつていねいに見直す作業をいっしょにやってくれたそうです。

4歳児クラスになって、ふうやくんやなつきちゃんの行動からトラブルが発生した時も、2人だけで問題を抱え込まないよう、すぐにクラス会議を開こうと提案し、相談にのりました。

「高瀬さんは、状況分析が得意。距離感も含めてその場の状況を整理してくれるからとても助かった」という橋村さん。「でも、クラス会議を開かな

きゃね」と声をかけられたときは、本当はちょっとこわかったと言います。「この前も同じような話をしたよね」「おとなはどこにいたのかな」「どんな時間帯だったのかな」「どういう働きかけをしたのかな」と綿密な分析をされると、分析が正確なだけに「ぎくっ」としたという2人。

　一方、高瀬さんのほうは「自分はこの2人とはタイプも違うし、経験もあるので、多角的に保育を見るためには、嫌がられても、私がやるしかない」と思っていたそうです。

　このように、くり返し保育を語り、ていねいにふり返る中で、保育者たちは「決めたことをやっていない状態になっているのではないだろうか」「流れに身を任せるのではなく、考えて保育をするべきではないだろうか」など、互いに指摘し合いながら学んでいきます。

　若い2人にとって、自分たちの保育を認め、支えてくれる園長・主任の存在は、大きいものがあるでしょう。時には、保育者を守り、時には保育者の心に寄り添い、時には厳しく励ましながら、いっしょに保育をつくっているのです。

② 変わっていく保護者たち

このクラスの保護者たちも、子どもといっしょに園生活を経験しながら少しずつ変化していきます。

プラレールでふうやくんとつながる

ふうやくんは、4月当初からプラレールに特別な興味を示していました。そんなふうやくんに根気強くつきあってきたのは担当保育者の中島さんです。

4／1　新しい電車がお気に入りで落ち着いて見ている。午睡はまわりのザワザワが多かったり、日中戸外に出なかったためか寝ない。
5／1　ひさしぶりに電車の遊具で遊んでいた（最近は本などが多かった）。レールを並べ、黄色の積み木を直線レールの両サイドに置いて駅にしていた。
5／16　みんなが外に出ると、プラレールを出して部屋の中で遊びはじめる。

中島さんは、ふうやくんがプラレールを心の拠り所にしていることを理解しつつ、友だちのあそびやまわりの環境にも少しずつ目が向くように支援していきます。そして、乗り物好きなふうやくんは、園庭に誘うと、三輪車で友だちと遊んだりする姿がみられるようになります。

6／5　みんなが集まりだすと、広い空間にプラレールを出して遊びはじめる。「ふうやくん、もう少ししたら外で遊ぼうか？」と伝えると、時間を決めて（自分で）外に出る。裏庭で三輪車に乗って遊ぶ。室内では電車のパズルもよく遊んでいるのを見かける。
6／6　午前中はプラレールでゆっくり遊んで過ごす。「外いこうか〜」と誘うと、外いく〜と反応して、そのまま裏庭へ遊びにいく。

発表会で輝くふうやくん

　第Ⅱ部で見たように、夏から秋にかけて、わらべうたやドロケイにも参加するようになっていく一方で、ふうやくんの好きな電車あそびに寄り添う中で生まれたのが「D-51チーム」でした。11月の発表会で、子どもたちは好きなことややりたいことを出し合ってグループをつくり、それぞれで出し物を担当することになったのですが、「劇」や「わらべうた」などと並んで結成されたのが、ふうやくんをはじめ「電車好き」の子どもたちが集まったこのチームだったのです。

　さっそく電車の本を持ってきて、同じチームの、やすおくん、まもるくん、もときくんにD-51のページを指さして「ねぇ、コレがD-51！」とうれしそうに話すふうやくん。そして、ふうやくんの発案のもと、写真を見ながら段ボールを黒く塗って自分たちのD-51を完成させるのです。発表会当日には、発表の一番手で、やや恥ずかしそうにしていましたが、4人でいっしょに声を合わせて「D-51チームです」と誇らしげに言いました。そんな発表会でのふうやくんたちの様子をみて、「ふうやくん、しっかりしてきたね」「変わったね」と多くの保護者から声がかかりました。「一人ひとりの子どもが主人公になっている」といううれしい感想もありました。

親が他の親を理解できるようになるために

　まさるくんのおとうさんは、ふうやくんがプラレールで楽しそうに遊ぶ姿や、園庭で友だちと遊ぶ姿を見ながら、少しずつふうやくんに対する態度を変化させていきます。しかし、中島さんがふうやくんのことを伝えた時、「ふうやくんのことはわかった」の言葉のあとで、「でもあのおかあさんはいったいどうなんだ」と言ったそうです。「おむかえの時にも、この前の遠足の時にも、そばについているというよりは放任しているように見える」と言うのです。

　なんらかの困難を抱えた子どもをもつ親のつらさや孤立感は、なかなか見えにくいものです。他の保護者たちも、わが子についての悩みや、仕事や家庭の悩みなど、保育者が把握していないなんらかの困難を抱えている

可能性もあるでしょう。

親同士の接点をつくりだしていくために、このクラスではどのような工夫をしたのでしょうか。橋村さんたちに聞いてみると、「まず、楽しい保育の取り組みをクラスだよりにして頻繁に発行すること」「子どもたちの成長の様子を行事や保育参加などで保護者に直に見てもらい、育ちの喜びを共有することを大事にした」と言います。

「このクラスの親は本当に、よくクラスだよりを見ていたよね」と高瀬主任。泥んこあそびが流行していたころに保育参加に来園したおとうさんは、自身も子どもたちと大暴れして楽しんでいました。クラスだよりで読んで、いつか泥んこあそびを見てみたいとずっと思っていたそうです。「いまどき、ここまで泥んこあそびを保障してくれる保育園ないですよ」と言うおとうさん。泥だらけのお尻のまま昼に帰っていきました。

また、行事に向けての子どもたちとの話し合いの経過もクラスだよりにして出しました。行事を当日だけのものとして披露するのではなく、プロセスを大事にして保護者とも共有したいとの思いからです。あるおかあさんは「クラスだよりを持ち帰るのが楽しみなんです」と話しかけてくれました。クラスだより発行の次の日は、子どもを送りに園に来た保護者同士が、「その続きって、○○なんだって？」とクラスだよりの話題について、朝の支度をしながらひとしきりおしゃべりしていくのです。

このようにして、わが子の楽しそうな姿を見たり、読んだりする中で、クラスの保育に関心を寄せるだけでなく、クラスの他の子どもたちにも関心を寄せるようになっていきます。クラスの子どもたちが、わが子の大切な友だちであるだけでなく、保護者自身にとっても大切な存在になっていくのです。

また、懇談会の時には、発達の学習会や「わが子自慢の会」などを催して、子どもを丸ごと理解しようという取り組みを積み上げていくようにしました。とくに、「わが子自慢の会」では、思った以上に悩みながら答える保護者が多く、他の保護者がフォローする姿もありました。

子どものことは、見えているようで見えていないことがたくさんある。それは、保護者も同じで、他の保護者に言われて、わが子のいい面に気づかされることもあるという場面でした。「どの保護者もわが子を大切にしているのはとても感じるが、"思いを言葉に出して伝える"ということは、子

どもだけでなく、おとなもしていくことが大事なのではないかと感じた」と保育者たちは指摘しています。また、保育者のほうも「見えていないこと、気づいていないことはたくさんあって、"だめだな～"と感じることもしばしば」ともつぶやいています。見えていないことがたくさんあることを知っていることこそが重要なのかもしれません。保護者も、そうして見えていないことを見ようとする保育者の真摯な姿勢を感じるのでしょう。

卒園後も支え合える関係に

しかし、親にとって、クラスの子どもたちのことは理解できても、他の親を理解するというのは、もっと時間のかかるむずかしいことなのかもしれません。

卒園後しばらくして、佐藤園長は、あおいちゃんのおかあさんから、ふうやくんのことについて相談を受けます。「ふうやくんが学童保育の慣れない環境の中で暴れていて、他のおかあさんから、あの子は何？ と聞かれてしまいました」「いつもはそんなことないから、きっと何かわけがあって、ふうやくん困っているんじゃないかなと思うの。他のおかあさんにどう説明してあげたらいいんでしょうねえ」と言うおかあさん。

これを聞いて、ふうやくんのことも心配だけれど、むしろ「ふうやくんの成長をおかあさんがちゃんと理解してくれているのだ」とうれしくなったと言う園長。在園している間は、一人ひとりが大切にされる生活環境をつくっているという自負をもってかかわってきた保育者も、卒園後に子どもたちが同じように配慮されているか、心配になることも多いでしょう。しかし、こうして、子どもたちの理解者がまわりにいてくれることは、子どもにとっても、親にとっても、そして保育者にとってもありがたいことです。保護者が子どもたちといっしょに育ち合っているからこそのエピソードといえます。

このように、卒園後も支え合える関係を保護者がつくっていくためにも、楽しい保育を子どもとともに展開していくことが必要です。そこを出発点として保護者は自ら少しずつ変わっていくのでしょう。

3 「辞めないでよかった！」

　橋村さんと中島さんは、このクラスを5歳児クラスまで持ち上がり、卒園式に臨みます。一人ひとりの晴れ姿を誇らしく見つめる保育者と保護者。そして、保護者からは、「先生たち、成長したねえ」と口々に言われます。はじめての懇談会の時、緊張でボールペンを持つ手が震えていたという中島さんも「たくましくなったねえ」と声をかけられます。

　そして、明日からは4月でもう保育園には来ないという3月最後の日、朝から目をはらして登園するおかあさんたち、おとうさんたちは、保育室の中でずっと話をしていてなかなか仕事に向かおうとしません。橋村さんも、保護者よりも目を赤くして、保護者から「だいじょうぶ？」と心配されていました。「この2人は、保護者にかわいがってもらって育ててもらいました」という園長自身も、うるうるしながら見守ります。

　橋村さんと中島さんは、力いっぱい駆け抜けた4歳児クラスの一年を、5歳児クラスに進級してしばらくたったころ、次のようにふり返っています。

やるからにはおとなも楽しもうじゃないか！

　年度はじめは、予想に反して落ち着きのなくなる子どもたち。担任はほぼ変わらなかったが、パートさんや環境の変化、生活の流れの変化が原因なのか？遊び込めず、疲れる日々だった。そこで早速会議を持ち、環境設定をすることとなる。子どもたちの姿に合わせて広めのブロックコーナーを作ったり、こじんまりと遊べるよう、狭めのままごとコーナーを作るなど設定してみた。すると、徐々に遊び込めるようになっていったのだが、最大の課題はなつきちゃんの存在だった。気に入らないことがあると、他児をひっかくは、棚を倒すは、物は投げるはで、ケガのないよう全体を守ることで必死の状態だった。私たちも限界がきていて、ついに専門の先生に来てもらい、アドバイスを受けることにした。職員だけでなく、保護者にも園でとっている対応を伝え、家庭と連携しながら過ごすことで、なつきちゃんの姿はどんどん変わっていき、今では表

情がとても豊かになっている。私自身も保育を見つめ直すきっかけになった。

　私はこのうさぎ組の子どもたちのそれぞれの個性が大好きで、一人ひとりの個性をみんなが認め、存在しているように感じる。

　正直、うまくいかないことだってたくさんあったし、逃げたくなることもたくさんあった。「疲れたー！」「やめたーい！」と叫んだことも、泣いたこともたくさんあった。そんなときは同期でぐちったり、担任でのみながら語り合ったりして、支えてもらいながら気持ちを切り替えて向き合ってきた。子どものことを思って保育していたとしても、それはすぐに実らないものかもしれないし、もしかしたら、その子がおとなになってから実ることかもしれないが、その子のためを思って考えて、向き合っていくことが保育士という仕事なのだと思う。

　やるからにはおとなも楽しもうじゃないか！　をモットーに、時には筋肉痛になり、子どもに負けないようこっそり練習したり、本気でくやしい思いをしたり、おとなげなさもあるが、子どもと同じ気持ち、目線で保育していきたい。

　そして、保育をするにあたって、担任はもちろん、園長、主任、他クラスの先生、パートさん、父母の方……と多くの人たちがいて成り立っていること、助けてもらっていること、支え合っていることを忘れずに、共有して子どもの育ちをみていきたい。

(橋村志帆)

保育者にとっても居場所となったクラス

　春先から順風満帆ではなかった。何度もしんどいと思い、何度も会議をくり返す中で子どもと向き合い、対応をしてがんばってきた。そのような中で子どもたちの成長、おとなの成長が合わさり、よい集団関係ができていると感じる。

　このクラスの子どもたちの特徴の一つが団結力と楽しむ力！　集団あそびをするときは自然と子どもが円陣を組んで「エイエイオー」のかけ声であそびがはじまる。はじめはルール理解がむずかしく、負けたくない気持ちからか、ズルする姿もあったが、くり返しの中で工夫する姿もみられてきた。まわりが見えるようになり、自分との違いも理解する中で、気持ちのズレからわざと嫌なことを言ったりなど、トラブルも多々あったが、その都度乗り越えてきた。現在ではクラスやグループでの話し合い、トラブル時の解決も子どもたちがうまくやれるようになってきている。個々の課題もたくさんだが、とっても個性的

なメンバーが、ありのままの自分で生きいきとクラス内で力を発揮していることが本当にうれしい。

　子どもだけではなく、保護者の人たちのパワーもすばらしい。発表会の合間に行った戸外あそびでは、子ども対おとなで必死になってドロケイやリレーを楽しんだ。子ども同士の関係や保育の中身、生活リズムのことで連絡帳やおむかえ時にやりとりしたり、緊急の面談も行っていく中で、保護者とも向き合い互いの思いも伝えてきた。正直きついと思うこともあったが、各家庭の年一回の面談の時、「先生たち来年もちろん持ち上がりますよね」と多くの家庭から言われたのは励みになった。

　はじめての４歳児保育、基本的なことは勉強し、今までの保育の積み重ねから学び、このクラスの子どもたちに合ったことを計画し、実践してきたつもりだ。楽しさとアツさが売りのうさぎ組だった。私の至らないところは、志帆先生がフォローしてくれ、うさぎ組の至らないところはまわりの職員がフォローしてくれ、大変ながらも恵まれた環境で楽しく保育させてもらっている。おかげでやりたいことはたくさん実現できた。

　本当に元気なうさぎ組の子どもと保護者と職員。総合的にはとても楽しくやることができた（どのクラスよりも楽しくやってきた自信がある）。子どもたちがこのクラスを自分の居場所として安心して楽しく過ごせるように保育してきたつもりだが、何より自分自身にとっても、自分の居場所であり力を発揮できるよいクラスだった。楽しいことをともにやって突っ走ってきたこの１年で、また少し保育士として、人として成長できたような気がする。
　　　　　　　　　　　　　　　　　　　　　　　　　　　　　（中島琢也）

「逃げたくなることもたくさんあった」「きついと思うこともあった」──一生懸命やればやるほど空回りしてしまう……。

　この若い２人の保育者は、なぜこれほどまできついと思った保育の道を捨てなかったのでしょうか。それは本人たちが文章の中に書いている「保育の楽しさ」と「支え合い」がカギだったのではないかと考えられます。

　「やるからにはおとなも楽しもうじゃないか！」（橋村さん）をモットーに、「どのクラスよりも楽しくやってきた自信がある」と言い切る中島さんの言葉通り、保育の楽しさを満喫してきた２人、子どもと同じ目線で見る時間が長すぎて、時におとなげないくやしがり方をして周囲をハラハラさせながらも、子どもが保育園で思いっきりあそびを楽しめるように工夫し

ていく努力を続けてきたことが、結果的に、自分たちも楽しめたということにつながったのではないでしょうか。

　もう1つは、やはり、保育者同士が育ち合い、支え合う関係をつくっていたということです。中島さんの「うさぎ組の至らないところはまわりの職員がフォローしてくれ、大変ながらも恵まれた環境で楽しく保育させてもらっている」という記述にあるように、園内に支え合う関係があり、それを自分たちが自覚して保育してきたことが、保育にも子どもにも前向きでいつづけることを支えたのではないでしょうか。

　この園の保育から学べることは3つあると思います。

　1つは、子どもを真ん中にして、保育者と保護者が子どもや保育・子育てについて語り合い、そして育ち合う関係をつくっていくことが何よりも大事であるということ。困難を抱えた子どものことや親のことを個別事例として保育者が抱え込むのではなく、いっしょに考え合う姿勢が何より重要なのです。

　そして、もう1つは、協働的な同僚性をつくりながら、適切な場面で、園長や主任が保育を支えていることです。若手保育者の場合、実践的な自分の立ち位置がわからず混乱してしまうことはよくあります。保育を俯瞰してみることのできるスーパーバイザーの役割をもつ保育者の存在がどうしても必要です。

　さらに、もう1つは、一人ひとりの保育者の保育を認めること、保育者の個性を認めることの重要性です。失敗や混乱を責めるのではなく、この保育者のよさはどこなのか、どういう意図でこのような保育を目指しているのかを理解して語り合う姿勢がお互いに必要なのではないかと思います。

第3章
不思議心が花開く保育を目指して

──記録を手がかりに「子どもの参画」を追究する

1 明日の保育が楽しみになる記録とは──高見さんの記録から

　ここまで、さまざまな実践を、実践者自身によって綴られた「記録」から紹介してきました。そうした記録はどのようにとられ、日々の実践や計画づくりにどのようにかかわっているのでしょうか。

「対話」をありのままに記録する

　「さんぽあそびまくりだいさくせん」(第Ⅱ部第3章)を展開したり、池づくりやお話づくり(第Ⅱ部第5章)を実践したD保育園の高見さんの記録の特徴は、ありのままに書きとめられた子どもたちの対話の記録です。
　「散歩かホールか」をめぐる大論争の詳細な記録は、ＩＣレコーダーで記録したものでした。部屋の中の保育者の手の届くところに用意されていて、話し合いがはじまる時にはすぐに録音できるようにして、あとで「今日の子どもたち」やクラスだよりを書く時に使っているそうです。
　また、複数担任同士で連携し、ビデオカメラやカメラでも記録しています。実践のふり返りや保護者懇談会での資料として使ったりしますが、その場にいた担任でも、あとから映像を見ると、虫や池づくりにはそれほど強く興味を示しているとは思わなかった子が生きいきと池をのぞき込んで

いたりすることや、子ども同士のなにげないやりとりなど、その時には気にとめなかった子どもの表情や言葉に新たに気づかされることもあります。

ただ、「5歳児にカマキリのエサにするからコオロギちょうだいと言われて苦悩するえいたくん」のエピソード❺など、突発的に起こるものは、おもしろそうだと思った時に、急いでその場でメモをとります。顔を見ながら書くと子どもに気づかれてしまうので、聞いていないふりをしながら書いているそうです。

❺ 本書143頁。

一日全体の出来事をまとめておくタイプの記録だと、おもだった発言の内容や子どもに焦点がしぼられた記述となることが多いようです。それでは、話し合いのだいたいの流れや結果がどうなったのかはつかめますが、保育者の意図や記憶によるバイアスがかかってしまいがちです。

高見さんも毎日の記録として、「今日の子どもたち」を書いていますが、それは一日の概要というよりは、やはり、その日の中のおもしろかったある場面について、集中的に詳細なやりとりを記録しています。そしてそれとは別に、録音・録画機器も活用することで、話し合いのはじまりから終わりまで、保育者が心にとめた場面以外の子どもたちの姿や言葉も含めて拾おうと努力しているのです。

こうしたさまざまな記録を合わせてふり返ることで、子どもは何を感じ、どんなイメージを頭に浮かべているのかが見えてきて、考えを言葉にしていく4歳の子どもたちの思考の道筋や感情の揺れに寄り添って、次の保育の展開を考えていく強力な助けとなっているのです。

子どもの「おもしろさ」に注目する

高見さんの「今日の子どもたち」には、もう一つの顔あります。コピーして配布することで保護者に日々の保育を「伝える」という役割です。

「伝える」ことを意識して書くということは、保護者に真っ先に伝えたいことは何かを考えることでもあります。おのずと、子どもたちのおもしろさにクローズアップして書くことになります。高見さんも、ときにはあえてトラブル場面を取り上げて、4歳特有の子どもの内面の葛藤や発達の見通しをていねいに伝えることもありますが、やっぱり、読んでいて思わず笑ってしまうような楽しい記録が大半です。そして高見さんの記録は、"こ

資料1

今日の子どもたち　３月　７日（木）

> さんぽ作戦第５弾は、「南田中児童遊園」！
>
> 今日は、今週初の作戦日！地図を見ながら「長光寺橋のすぐそばだね」と確認して出発→歩き慣れた道なので何だかスムーズ♪　一度、信号待ちの時に地図を見ました。「あれ？　もうすぐじゃない？」「あっ！あっちに見えてきた！」と気が付く子ども達でした。到着すると少しの遊具と広〜い広場。近いこともあったので、たっぷりと１時間あそんで帰ってこれました。
> さて、明日はどこになるのか！？　夕方、子ども達と決める予定なのでおうちでどこの公園に決まったか聞いてみて下さい♪
> ９：３０出発目標ですのでよろしくお願いします！
>
> 　　　　　　　　　　　　　　　　　記録者（　高見　）

の続きはいったいどうなるんだろう"と明日の保育が楽しみになるような明るいトーンで貫かれているのが特徴です（**資料1**）。

「ニュース速報」で親たちも保育に巻き込んでいく

さらに高見さんは、日常の保育の中から小さなプロジェクトが立ち上がっていくような時には、臨時のクラスだよりを発行していきます。たとえば、メダカ失踪事件からメダカ救出大作戦に展開していった時に続けて配られた「ニュース速報」（**資料2**）は、親たちの心をつかみ、話がクライマックスに進むにつれ、寄せられる感想がどんどん多くなっていきます。

「もう、謎すぎます。めちゃくちゃおもしろいです！」（9月21日）
「メダカがまだ見つからないと思い出したように言います」（10月10日）
「メダカが見つかるといいですね。毎日見つかった？　と聞くと、その日の活動を一生懸命話してくれます」（10月12日）
「帰り道に長光寺橋に行き、メダカへの手紙を置いた場所やカナヘビがいる場

資料2

めだか失踪事件 ニュース速報（2012年9月26日）
めだかからの手紙を発見！！　そこに書かれていた内容とは・・・！？

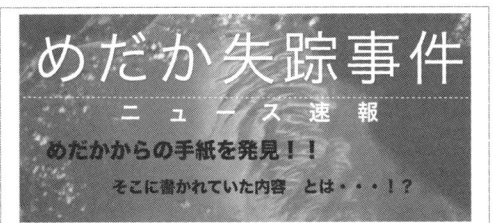

今日の午後、池を見に行くと、水に一枚の葉っぱが浮かんでいるのを発見した、しずくちゃん、かなこちゃん、さつきちゃんの三人。何やら文字が書いてあり、大人が読んでみると、そこには・・・

> 「こわいむしが、やってきた・・・ちったぼくたちは、こわくなってインコさんたちがうちにきてもらっていたんだけど、はこんでもらってにげたんだ。でも、みんなのおけげまでのかえりみち、わからなくなって、こまっているんだ。ぼくたちのいるところから、みえているのは「かなへびのかぞく」ここはどこなんだろう。おいけにもどりたい・・・めだか」

という内容でした。めだかさん達に一体、何が起きたのか？子ども達は、最初、「メダカは字が書けない」と言いつつも、「でも、しっぽのとこでなら書けるんだよ！」という友達の言葉に納得。 
そして、次々と手紙の内容を読み解いていく子ども達。「インコは夏にひまわりを食べにきべきだったインコだ！」
「今、メダカがいる所は、長光寺橋だよ！だってあそこでカナヘビ見つけたじゃん！」、「こわい虫って、何だろ・・？タガメ・ゲンゴロウ・？」「違うよ！ゲンゴロウは優しい！！」、「タガメは暴れん坊！！」
たくさん、話しても「でも、もう死んでるかも・・」、「どうなってるか分からない」という声も出たので、
「何でも知ってる人がいるよ」と大人が言った一言に「だれ？博士？」と考えを巡らせています。大人が「そう、博士みたいに何でも知っているのは、みんなより良く生きているおじいちゃん、おばあちゃん」というと、子ども達数人が「あっ！・・・明日、お見舞会だ！」、「そうだ！明日、聞ける！」と盛り上がり、おやつを食べながら聞きたい事をたくさん考えていました。更に明日を楽しみにしている子ども達です。
※参加されるおじいちゃん、おばあちゃんには事前にこちらから事情を話し、こちらで用意した簡単な答えを子どもに返して頂こうと思います。
さて、これからどうなる！？無事にメダカを助けてお池に戻してあげることは出来るのでしょうか？また明日です♪

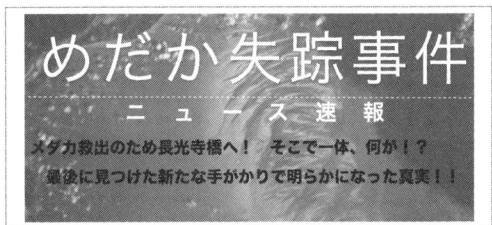

めだか失踪事件 ニュース速報（2012年10月2日）
メダカ救出のため長光寺橋へ！ そこで一体、何が！？
最後に見つけた新たな手がかりで明らかになった真実！！

今日は、ついにメダカの捜索に出かける事になりました。散歩としても久しぶりです。目的地の長光寺橋に到着すると早速、「おーい！めだかー！」と大きな声で川に向かって叫ぶ子ども達。
しばらくすると、植物の長いツルを拾ったみさちゃんが「これを川にたらしてみればメダカが掴まって助かるかも！」とひらめき、ツルを長く結び、いざ川へ！

二度の失敗を経て、三度目に成功！このまま垂らしておいて様子をみることに。夏のトラップ経験がこういった形で応用されるとは驚きです。
更に、「このままじゃ気が付かないかもしれないから手紙を書けばいいんだ！」と提案する子どももいました。

手紙とは良い考えだね！ということで、みんなで近くにあるお気に入りの秘せん（葉っぱ）を拾い、今日は帰る事に。
すぐにみてみると「めだかさんへ。大好きなゆりみさんの池からにげることになって残念だったね。早くお池からミズカマキリやコイムシがいなくなるといいのにね。インコより」という手紙だったのです。「あっ！こわい虫ってミズカマキリやコイムシのことだったんだ！」と気がつく子ども達。しかし、池でそれらの虫を見つけたことになるな、池の捜索も開始することになったのです。
池にこれらの虫を見つけて、メダカが帰って来れる環境にすることができるのか。そして帰ってきたツルにメダカに気づいてくれるのか、明日手紙を持って再び長光寺橋を訪れます。

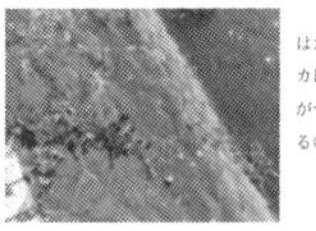

はたしてメダカはこれに気がついてくれるのか！？

手紙を書く為の紙もゲット！

めだか失踪事件 ニュース速報（2012年10月10日）
コオイムシ、ミズカマキリ発見！そして、捕獲に成功！
メダカに宛てた手紙は届いていた！！

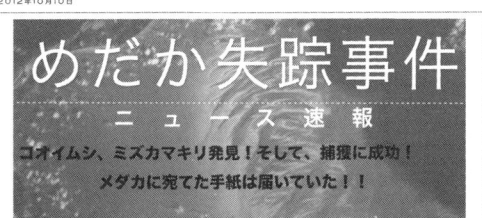

先週10月5日金曜日の午後に池を覗くとコオイムシが1匹がいるのを見つけて捕獲。その夜、懐中電灯をもって、ひまわり組（年長）のSさんと再度、池を見に行くと再び二匹発見！計4匹のコオイムシを捕まえて現在クラスの水槽に入っています。
昨日、死んでいただじょうをあげると、早速、口にある管を刺して体液を吸っています。

↑捕獲されたコオイムシ（写真右）
←どじょうの体液を吸う姿（写真左）

今日、午後15時23分 ミズカマキリ発見、捕獲に狂喜乱舞する子どもたち！

前回、メダカへの手紙を植物のツルに吊るしてきましたが、今日はそれがちゃんとメダカに届いているのか確認に行きたいと思います。到着してツルを引き上げると、袋の中に入れていた手紙がなくなっています。やっぱり、メダカがいることを確信し、あとはミズカマキリを見つけるのみ！しかし、中々、池で発見に至らず・・・
ところが、おやつ前に池を見に行くと、見慣れない細長い生き物が！
「ミズカマキリだー――！」「うわー、滝が見つけたーー！！」と叫ぶ、おさむくん。続いて、だいすくん、こうが君が次々と捕獲しました。
「これで、メダカが帰って来れる！」、「でも、どうやってこわい虫がいなくなったことを教えてあげよう？」と頭を悩ませます。
色々と子ども達から考えが出た結果、「インコがまた連れてきてくれるかもしれないから、インコが分かるように目印をつけてみる」ということに。
その為、明日に池に大きな目印の旗を全員の力を合わせて作ります。
はたして、インコは気づくのか？そして、メダカは帰ってくるのか？
また、明日です♪

めだか失踪事件 ニュース速報（2012年10月17日）
最後は長命寺の神様に祈ること！
そして、ついにメダカが帰ってきた！！

今日は長命寺へ散歩に出かけました。ご住職に挨拶し、子ども達に「神様が願いを叶えてくれるからお祈りしていけばいいよ。」と言ってくれたことを伝えると、みんなもお祈りしたい！と、階段を登って手を合わせました。
終わって子どもに何をお願いした？と聞くと、「メダカが帰ってくるようにお願いした」、「チャムとリボンちゃんが結局に戻ってくるようにお願いした」と教えてくれました。
散歩から戻ってくると、「もう願いが叶ったかも！？」と、池に走っていく子ども達もいましたが、まだ姿はなく・・・
それでも「今日は暑いからインコさんまだいるよね？」と期待と不安が入り交じっているようでした。

午後、池を再び見に行くとそこにはメダカの姿が！！

午後が終わり、おやつ前に池を見に行くという子ども達。大人もついて行ってみると、そこには元気に泳ぐ7匹のメダカの姿と手紙、インコの羽が落ちていました。「戻ってきた！やった―！」と、「すごい！」、「インコさんが運んでくれたんだ！」、「神様がお願い叶えてくれたんだよ」と、やっと再会できたメダカを前に嬉しい子ども達は歓喜です。 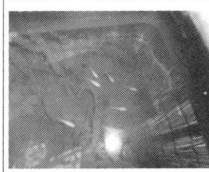
手紙には「ゆりみのみんなへ、みんながが出てくれた手紙読んだよ。たくさん探してくれたんだね。みんなが作ってくれた旗のおかげでインコさんが迎えにきてくれたよ。こわい虫を見つけてありがとう。これからも仲良くしてね。めだか」という内容でした。
子ども達は、「やっぱりね」と納得した表情。
長い間、メダカを池に戻せるように知恵を出し、何度も長光寺橋まで足を運んできた子ども。憧れていたコオイムシやミズカマキリとの出会いもあり、多くの出来事をみんなで体験できた日々。この経験は今日か子ども達の中でどのように消化され、どの程度生かされるか、日々の生活にも影響が出てくる事と思います。今日で完結ではなく、これからが本当の意味での始まりです！

連続6回発行したもののうち4回分。掲載にあたり、子どもの名前と一部写真を変更。

所などたくさん教えてくれました」(10月12日)

「ニュース速報を毎回パパが見ていて、先生たちすごいなーと感心していました」(10月18日)

「メダカちゃん関連の話でウキウキしています。今まで興味なかった虫にも関心が出てきたようです」(10月18日)

「メダカ、カエッテキタンダヨと、教えてくれました。テガミ、ダレガカイタンダロウと聞くので、インコが書いたんじゃないかなあとこたえました。かわいいですよね。長命寺で真剣にお祈りしている写真、かわいくて純真なので思わず目頭が熱くなりました。」(10月18日)

　子どもだけでなく、親と信頼関係も築き、親を巻き込んで保育をつくっていくことを意識していたという高見さん。親たちは、保育者から発信される「今日の子どもたち」やクラスだよりを楽しみ、また日々わが子が一喜一憂している姿を見ながら、子どもたちといっしょにファンタジーの世界を楽しむと同時に、高見さんたちの保育を理解し支える応援団になっていったのです。

日々の断片から保育の意味を見出していく

　こうした保護者向けの「伝える」記録は、保育者にとっても大きな意味を持ちます。いま、保育を語り合う会議などの時間を十分確保することがむずかしい現実が多くある中で、いっしょに組んでいる保育者や職場の同僚と、互いの保育を伝え合い共有していくうえで、こうした記録はもっとも基本的なツールとなるでしょう。

　また書き手である高見さん自身にとっても、毎日の記録は、子どものおもしろさに注目し、そこで子どもたちはどんなことを感じ、思考をめぐらせているのかを探り、次の保育に生かしていくことにつながっています。そして、時々に、少しまとまった「おたより」を書いていくことは、日々流れていくたくさんの出来事をつなげてとらえ、その中に隠されている意味を見出していくことにつながっています。いずれも、「子どもとつくる保育」をめざす保育者にとって大切な営みなのです。

2 「子どもとつくる保育」の糸口を探る
――橋村さんと中島さんの記録から

毎日1行でも書く

　第Ⅱ部第4章や前章に登場したE保育園の橋村さんと中島さんは、どんな記録をとっていたのでしょうか。園で使っていた保育日誌は、A4サイズの右のような書式でした（**資料3**）。エピソード欄が大きくとってあって、個別記録欄は、特定の子どもについて、1行ずつでも、継続して書き続けられるようになっています。書式は一般的ですが重要なのは書き方です。

上・表面、下・裏面。表面の一番広いスペースがエピソード欄。職員欄には、パート職員含め、その日の保育に入った職員全員のシフトも記入する。表面下部と裏面の、項目名が空欄になっているスペースが個別記録欄。どの子について書くかは固定されておらず、その時々にとくに気をつけて見ていたい子どもについて、継続的に記録する。4歳児クラスでは、「揺れる」時期をむかえた子どもたちが入れ替わり立ち替わりこの欄に登場し、それぞれが、時間をかけて変わっていく様子が、具体的な場面で描かれるとともに、クラス全体の動きや、天気・職員体制などとの関係でとらえることができる。

資料3

個別の子どもの対応に悪戦苦闘し、全力で遊び込む毎日を送っていた２人にとって、子どもたちの変化や保育の手ごたえをリアルタイムでとらえることはむずかしいことでした。そこで２人は、保育日誌に、クラスの様子とともに、とくに対応に悩んでいた子の様子について、具体的な事実をひたすら淡々と記録し続けました。

　そして、園全体で行われる数ヵ月ごとの総括会議の準備をする際に、ふり返って読み、変化や手がかりを探り、方針を立てていきました。

　本書でも一部紹介したように、トラブル続きのようだったふうやくんやなつきちゃんの姿も、単調なくり返しのようにも感じられたドロケイやわらべうたなどのあそびも、数日や週単位ではわからなくても、月をこえて記録をつなげていくと、確実に変化していっていることがわかるのです。毎日ともかく書き続ける記録の底力です。

２人の心残り──「梅事件」の顛末

　５歳児クラスまで持ち上がった橋村さんと中島さん。当時のことを聞くと、４歳児クラスの一年間で確実に成長した個々の子どもやクラス集団の変化を生きいきとふり返りつつ、「あれは中途半端で終わってしまった」「リベンジしたい」と語るある「事件」について話してくれました。当時の子どもたちはすでに卒園してしまっています。しかし、「リベンジしたい」という保育者の気概を、次に出会う子どもたちとの、「子どもとつくる保育」につなげていくために、ここでもう一度、２人の記録をふり返ってみることにしましょう。

　園全体で行われる「総括会議」に提出された「梅漬け〜興味と学びとまさかの結果……」と題された資料に、「事件」の発端が次のようにまとめてありました。

　５月。表の園庭の隅の子どもがよく木登りする木に実がついた。「梅がなってるー！」と子どもの声が響き渡る。ぽろっと落ちた実を拾い、部屋に戻って研究することに。緑色で丸くて、やや甘いような、青臭いようなにおいで、実を割ってみるとみずみずしい果肉。まだ種子の殻はできあがっていないので、切ってみると実といっしょに割れて、白い中身も見えとてもおもしろかった。その中で

「あーなんか梅干し食べたくなっちゃったー」という声があがり、「よし、それじゃあ実際に梅干しを漬けてみよう」ということになった。[6]

ところが、そのあと昼休みに用務の先生に聞いたら「あの木は梅じゃなくて杏よ」と一言。午睡明け、保育者はあわてて「ごめんね、先生まちがえてた」と報告したものの、子どもたちは「杏」と「梅」の違いはあまりわからず、きょとんとした顔をしていました。一方、「梅干しを食べたい」という声は依然として多かったので、6月後半になって熟した梅を手に入れ、7月上旬には子どもたちといっしょに漬けます。

3ヵ月ほど寝かせたのち、梅漬けは無事完成。食べる気まんまんだったのですが、区の基準の関係（作業場所や手順などいくつかの規定に沿っていなかった）で、それは子どもたちに食べさせることができないことが判明。あきらめきれない保育者たちは、1月になって、この梅を使って子どもたちと保育室で「梅肉和え」クッキングを行ったうえで、同時に給食室で作ってもらった「梅肉和え」と差し替えて、子どもたちに「試食」させます。

これが「梅事件」からはじまった「まさか」の展開の概要です。なぜ、こんなややこしいことになったのか、保育者は何を願い、何に迷いながら保育を進めていたのか、時系列に沿って、当時の記録を見てみましょう。

実践の分岐点で考える「子どもの参画」の可能性

①――梅に惹きつけられた子どもたち――――――――――――

4月18日の保育日誌にはこうあります。

集まりで「うめとさくら」を歌う。梅の話になり、庭の木にも梅がなっていると話題になる（本当は杏とのこと）。そのこともあり、木登り時、男児がこっそり実をとる。ダメなことは伝えたが、せっかく取ったので、研究しようということになる。切って中味を見てにおいをかいでみたり……。

子ども「これ何かな？」
保育者「梅かも」

[6] 橋村志帆・中島琢也（東京・E保育園）4歳児クラス「第Ⅲ期総括会議資料」より抜粋。

子ども「これは緑だけど、うちの梅干しは緑じゃない」
　　子ども「うちの梅干しは赤いよ」
　　子ども「時間がたつと赤くなるのかな〜、トマトみたいに」
　　保育者「熟したら黄色っぽくなるんだって。じつは梅干しが赤いのは、しそで
　　　　　　漬けるからだよ、しそがないと赤くならないんだよ」
　　子ども「しそって？」
　　保育者「しそって梅干し赤くする葉っぱ」
　　子ども「へ〜じゃあ、梅干しつけよう」

　さまざまな意見も出て、最後は梅干し作ってみようか、ということにもなる。やり方を調べて実現したい。❼

❼ 橋村志帆・中島琢也（東京・E保育園）4歳児クラス保育日誌より抜粋、子どもの名前は略または変更。

　180頁の総括資料では「5月」とありましたが、子どもが「緑の実」を発見したのは、この日、年度はじめのバタバタが続いていた4月半ばだったようです（しかも、ぽろっと落ちたのではなく木に登ってとった）。そして、その日の朝の集まりでは「梅」のうたを歌い、話題にしていたことがわかります。男の子たちの「木登り」は、脈絡のない「いたずら」だったのではなく、朝からテーマになっていた「梅」が頭に残っていたのかもしれません。
　あとから、それが「梅」ではなく「杏」だったのだと言われても、子どもたちの関心が実物の「杏」には切り替わらず、あくまで「梅」に向けられ続けた理由も、このあたりにあったのかもしれません。

②――子どもも保育者も初体験の梅干しづくり

　そしていよいよ熟した梅を入手した保育者が、梅干しづくりを提案する様子が7月3日の日誌に次のように記録されています。

　……集まりの時、当時の話をすると、ようた、ゆりえ、さなたち、当事者は、「覚えてるよ」「実を切ったよね」などと思い出していた。生の梅を触り、においをかいでいると、「あまいにおい」「すももだ」「プラムのにおいだ」「クサイ」など、さまざまな意見が出る。ふうやは「ほぉー、かおりがするー」とうれしそうだった。ビンや塩を見せると、「ウチでうめジュース作ってるから知ってる」な

どの話も出た。

　作業自体はとても簡単で、①梅の実を一つひとつていねいにふく（ホワイトリカーをしみこませたもの）、②ビンに入れる、③塩をまぶす、を子どもたちでやってもらう。……全員しっかりやることができて、無事に重しを載せて終了。このままうまくいくか、カビが生えて失敗するかわからないが、みんな楽しみにしている。ちょうど、今日の昼食が梅ごはんということも何かの縁を感じた。

❽ 同前。

　２ヵ月の間、園庭の木になった杏の変化を見るなどしながら、細々と思いをつなげようとしていた保育者でしたが、実際に実を切って色やにおいを確認した記憶は鮮明とみえて、子どもたちは２ヵ月前の出来事をしっかりと覚えていたようです。そして保育者は今度も同じように、梅の実の手触りやにおいを確認するところからはじめています。作業も一つひとつ、子どもとともに進めています。

　さて、材料や道具を見て「ウチでうめジュース作ってるから知ってる」という子どももいました。子どもといっしょになって杏を梅と勘違いしてしまうほど、保育者だって梅干しづくりははじめて。スタートラインは子どもと同じです。それならば、衛生面や時間の制約がある中、簡単ではないかもしれませんが、準備についても、子どもたちに投げかけて、調べてきた子どもがみんなに教えるとか、材料を調達してくる、という方法もあったかもしれません。

③——「緑から赤に変わるの？」の疑問は……

　園庭の杏の実を梅だと思って観察したときの①の記録で、子どもたちは、「これは緑だけど、うちの梅干しは緑じゃない」「うちの梅干しは赤いよ」「時間がたつと赤くなるのかな〜、トマトみたいに」と盛り上がっています。においをかいでみたり、中味を見てみたりと、よく観察しています。科学的な探究がはじまっています。子どもたちの中に、対象に対する不思議心がまさにわき起こっている場面です。

　ここで、保育者は「熟したら黄色っぽくなるんだって。じつは梅干しが赤いのは、しそで漬けるからだよ、しそがないと赤くならないんだよ」とすぐに答えを出してしまっています。しかしここは、「トマトみたいに」な

ど、色が変わるものっていろいろある、これもそうなのかなあ？　と考えをめぐらせている子どもたちといっしょに、もう少し寄り添えたらよかったかもしれません。

　ともあれ、しそを手に入れて色の変化を子どもたちといっしょに観察したいと考えていた保育者。しかし、ここで少し残念な事情がありました。子どもたちといっしょにビンに梅を入れたあと、天気のいい日をねらって３日ほど天日に当てたのですが、干すタイミングが遅かったのでしそが手に入らず、緑から赤への変化を直に見ることができなくなったことを、保育者はくやんでいます。水分が飛んでしわの増えた様子を確認したのち、再び汁の中に戻し、寝かせることになりました。

④──「梅肉和え」にこめた思い

　年明け、梅干し（記録では"梅漬け"）がおいしく漬けあがります。ところが……。

　汁に戻してからは大きな変化もなく、３ヵ月ほど寝かせた。間隔があいたので、正直おとなも忘れていた時期もあるが、ほどよい感じに漬けあがった。その梅をまずはおとなが実食！　少ししょっぱいが、まさに梅という感じで、予想以上にしっかりできていた。……しかし、ここで究極の問題が発生……梅のつけ方が区の基準に合っていなかった。梅漬けのビンを消毒はしたものの、きちんと調理室で煮沸してなかったこと、梅漬けを部屋で行っていたことが敗因だった。[9]

　子どもたちからは「梅そろそろ食べないの？」と気にする声が。その一言が心に刺さる……なんとかして完結させなければならない。……まずは集まりをし、梅を食べられないことを伝える。「えー」「なんでー」「先生が食べるから？」など予想通りの反応。そりゃそうだ。子どもたちにはおとなの都合とは言えないので、「食べられるけど、おなかが痛くなるかもしれないから」と伝えた（梅の話では「梅はおなかにやさしい」と伝えたのに……矛盾）。[10]

　子どもたちの反応に苦慮する保育者の葛藤が目に見えるようです。そこで、「作る」けど、「(それは) 食べない」クッキングを計画します。

[9] 同、「第Ⅲ期総括会議資料」より抜粋。

[10] 同、「第Ⅳ期総括会議資料」より抜粋。

苦肉の策で考えたのが、"小松菜ともやしの梅肉和え"の模擬ミニクッキング。この副菜が給食に出る日をねらって、小松菜、もやし、梅を使用し実際に作ってみた（これは食べられず、実際食べるのは給食が作ってくれたもの）。

❶ 同、「第Ⅳ期総括会議資料」より抜粋。

　そのクッキングの様子を、1月22日付のクラスだよりでは次のように伝えています。

　まず、完成した梅の観察をし、ビニール袋に入れてすりつぶします。すると、「なんか硬い！」と言って、大きな種にビックリ！　みんなの力でつぶし、梅ペーストができ、次にゆでた小松菜ともやしに梅としょうゆとけずりぶしを入れて混ぜて本日の副菜の完成！「うわーおいしそう」「早く食べたいな〜」とワクワクしている子どもたち。昼食時は「あっ梅が入ってる！」「すっぱーい」「オレは全然すっぱくない」などと話しながらおいしく食べました。実際に食せず、残念なところはありましたが、うさぎ組の杏と梅のまちがいから、梅干しへの興味が広がり、本当に漬けて変化が見られたことには、たくさんの学びがありました。ふとした時に思い出したり、今回広がった興味や学びがどこかで生きていくといいですね。

⓬ 同、「うさぎ組通信」より抜粋。

　保育者は、たとえ直接食べることはできなくても、みんなで作った梅干しの感触やにおいをしっかりと感じてほしい、子どもたち自身の手で作れるものを、と考えていたのです。やはり本物と向き合うことは、新たな発見もある活動です。その願いがここでしっかり実現されていることを、この子どもたちの生きいきとした様子から確認することができます。

⑤──問題をどこまで子どもと共有するか

　とはいえ、やや腑に落ちないものも感じてしまいます。実際に食べた「梅肉和え」は自分たちが作ったものではなく、自分たちで漬けた梅を使ったわけでもない、給食室で用意したものだったという点です。
　ここは、問題をおとなたちだけで処理するのではなく、「先生困っているんだけど、みんなどうしたらいいと思う？」と、子どもといっしょに考えてみることも選択肢としてあってもいいのではないでしょうか。

実際には、「漬ける」段階から基準に沿っていないという問題があったようなので、すでに漬けあがってしまってからでは、なかなか妙案は出てこないかもしれません（だからこそ、中島さんたちも苦渋の決断をしたのでしょう）。でも、たとえ結論は変えられなかったとしても、行政の担当者になんらかの「問い合わせ」をしてみたりするなど、子どもたちも「当事者」として、たちはだかる「問題」と向き合うなんらかの方法を考えてみることができたかもしれません。

　ここまで見てきたように、子どもたちにとって楽しい経験を実現するために、はじめてのことにも挑戦するなど、保育者たちは努力を重ねていましたが、一方では、子どもたちがその時々で発していた疑問やアイデアはていねいに取り上げられないまま流されてしまいました。そしてクライマックスでの「おとなの事情」で起きた混乱も、子どもたちに返されることなく、保育者のほうでじょうずにひきとられました。
　しかし、子どもたちは、子どもなりに「思考する主体」として保育に関与しています。さまざまな機会をとらえて、「子どもの参画」の可能性を追究していくことで、保育者という主体と、子どもという主体の、知性や感性がぶつかり合い、より一層心が揺さぶられるドラマが生まれるのではないでしょうか。
　たしかに、毎日の保育の中で走りながら考えること、いったん立ち止まって方向転換することは、なかなかむずかしいことです。でも、その糸口は、まさに走りながら書き続けた保育の記録の中に、いくつも隠れていました。日々忙しく苦しい中でも、ひたむきに書き続けられた記録を、職員集団全体で大事にし、明日の保育に生かしていくことこそが、2人の「リベンジ」につながるのではないかと思います。

③ 記録を検討する話し合いで大切にしたい3つの視点

「梅事件」からはじまった橋村さん・中島さんの実践は、保育者にとってもはじめての梅干しづくりに挑戦しながら、子どもたちの不思議心に寄り添おうと試行錯誤した実践として、多くの示唆を与えてくれる実践でした。子どもたちの小さな不思議心から大きなドラマがふくらんでいくことを願って、記録などをもとに職員同士で話し合うときに大切にしておきたい視点を、これまで紹介してきた実践や事例をふり返りながら、改めて整理しておきたいと思います。

第1に重要なのは、4歳児クラスの子どもたちが、まわりの世界と対話し「感じて表現する」主体としてだけでなく「考えて行動する」主体として位置づいているだろうか、という視点です。

第Ⅱ部の実践でみたように、カボチャの種を見て「これは何？」「いくつあるの？」と疑問を持ったり、地図を見て既知の世界と未知の世界が結びつき、「さんぽあそびまくりだいさくせん」をひらめいたり、劇のアンコール公演に一度にたくさんの人を呼ぶための方法として「チケット」を作ることを思いついたりしていく4歳児たち。彼らは、自らの頭で考えて意味をつくりだし、意味をつなげ合って、保育に参画しています。「チケット」という言葉さえ知らなかった子どもも多かった中で、仲間のスキーの一日券や映画館のチケットの記憶を手がかりに、自分たちでチケットづくりをはじめます。4歳児は、3歳までの自我の育ちを土台として自己コントロール力や自制心の形成が課題となる時期であり、5歳児にくらべるとまだまだ集団に働きかけながら自己形成していく力の弱さはあります。しかしだからこそ、さらに4歳児を「考えて行動する」主体として位置づけていくことで、保育のおもしろさは倍増するのではないでしょうか。

第2に、間（あいだ）の世界を豊かにするために、**環境設定や文化や自然との**

出会い・地域やさまざまな人とのネットワークづくりという点でさらに工夫の余地はないだろうか、という視点です。

　第Ⅰ部で、4歳児は、3つの世界を広げていく時期だと述べました。1つめは、モノとモノとの間、事象と事象との間に関係を見出し、そこに「論理」をつくりだしていく世界（論理の世界）、2つめは、自己と他者の間に関係を見出し、集団の中の自分の位置、集団の中の他者の位置についてあれこれ考えていく世界（仲間の世界）、3つめは、見えないものに思いをはせ、想像と現実の世界の間に論理をつくりだしふくらませる世界（想像と現実の世界）です。これらはじつは、どれも、間（あいだ）の世界です。そしてそれぞれの世界を広げていく過程で、さまざまな4歳児らしい揺れや思考が生まれます。

　論理の世界では、本書冒頭のようすけくんのように、何かと何かとの間の関係性をなんとかして理解しようとします。「おれ、わかった！」とはればれとした顔つきの彼の姿に、間（あいだ）の世界をつなげようと格闘したあとの誇らしさが伝わってきます。そして、仲間の世界では、「わかっているけれどもうまく表現できない」という2つの思いを1つにまとめあげようと苦悶する姿も見せつつ、仲間との関係を深めていきます。そしてそんな仲間とともに想像と現実の世界をふくらませ、つなげていく4歳児たちは、どちらか一方に入ったままになるのではなく、どちらの世界も理解しながら、どちらの世界も楽しもうとするのです。⑬本書14頁。

　こうした間の世界をより豊かに楽しめるようにするためには、子どもの声に耳を傾け、子どもが何をおもしろがっているのかを探り、それをいっしょにつきつめてみるということも1つの方法です。それ以上先に行くと混沌としそうで不安だと思われるかもしれませんが、子どもがおもしろがるから保育者も楽しくなるし、保育者がおもしろがって保育をすると子どもも楽しくなってくるのです。保育者が自分のわかる範囲で実践をひっぱろう、おさめようとするのではなく、わからないこと・おもしろそうなことを子どもといっしょに考えてみる、困ったことを出し合い解決方法をいっしょに考えてみることで、小さな疑問からはじまったひらめきが、ワクワクするドラマに変わっていくかもしれません。

　また、そのためにまわりの人たちの力を借りるのです。同僚や管理職、

保護者、祖父母、その道の専門家など、多くの助っ人に積極的にアドバイスを求めて日ごろからネットワークをつくっておくとよいでしょう。第Ⅱ部第5章の高見さんの実践では、高見さんは、池の生き物のことでわからないことがあると、ペットショップやドジョウ研究所に電話をかけて聞いていました。そうした地域との連携が保育を豊かにおもしろくしてくれるでしょう。

　第3に、揺れる4歳児に寄り添い、思考をめぐらせる時間を保障することができているだろうか、という視点です。

　4歳児は「思考する主体」であるといったのは、こうでもないああでもないと思いをめぐらすことが少しずつできるようになってきている姿が見えるからですが、だからといって、4歳児がどんな場面でも自分で本当にやりたいことを選択したり決めたりできるようになっているわけではありません。時には、「オレは悪い子だ、悪いココロなんだ」と大声でわめく子どももいます。この姿を保育者は、保育者に甘えたいし認めてもらいたいという思いとともに、友だちとも共感し合いたいと思っているのだと理解し、根気強く寄り添い続け、両方の願いを実現できる「抱っこゲーム」の実践が展開されていきます。また、4歳児らしい「揺れ」として、コオロギをバッタのエサとして5歳児に渡すか渡さないかで頭を抱えて悩むえいたくんの事例があります。まわりの状況や他者の考えていることと、自分の立ち位置や思いとの関係で心を揺らしながら、それでもモノや人と格闘し続け、じっくりと世界を広げている4歳児です。

❹ 本書155頁。

❺ 本書143頁。

　だからこそ、「人とのかかわり」だけでなく、「モノ（対象）への興味・関心」も意識的に大事にして、不思議心に寄り添う実践に取り組んでいきましょう。わからないことをめぐって4歳児なりに思考をめぐらせる時間、仲間とともに自然環境という現実世界や心の中の想像世界を探究していく時間、たっぷり揺れて仲間と育つ時間を大切にしていきましょう。この「子どもとつくる保育・年齢別シリーズ」は、「子どもと喜びと希望を紡ぎあう保育実践の創造」を各巻共通の目標として追究していますが、こうした時間こそが4歳児とともに、喜びと希望を紡ぎあう楽しい保育をつくりだすことにつながっていくのではないでしょうか。

あのときの4歳児保育をふり返って

　これほどいろいろな子どもたちがいるクラスの担任をするのははじめてでした。あまりむずかしく考えずやっていこうと思い、とにかく否定せず、子どもたちの言葉に興味を持って聴いていこうと保育をはじめました。子どもたちといっしょに考えてきたことが、一人ひとりの自信になり、自分の考えを自由に話すようになってきたことには驚いています。この記録を書きながら、「子どもの力はすごい！」と改めて感じました。このクラスは、2年目の保育士と担任をしました。いっしょに楽しい保育をつくれたことに感謝しています。

（藤田朋子）

　まわりのことが見えてくる4歳児。体は小さくても、心はいろんなことを感じ、考えている4歳児。でも、自分の思いや考えを伝えるすべはまだつたなくて……。まわりにいるおとなや仲間に気持ちをわかってもらえて、認めてもらって生きいきと輝く4歳児。そんな4歳児の心をどう育てるのか。小さな心に寄り添いながら、子どもたちと日々楽しめることを考え、保育しています。言葉にならない気持ちをつかめたとき、本当に保育士になってよかったと思います。そんなことを改めて思い出しました。

（羽田久美子）

　"果たしてこの一年の中で、月案通りに保育が進んだことはどれだけあったのか？"とふり返ると、一度もなかったように思います（笑）。子どもたちが何かつぶやくたびに、「じゃあ、やれば？」「え？　いいの？　でもどうやって？」「それはやりたい人が自分たちで考えなよ」──こんなことの連続。嬉々として悩み、考え、話し合う子どもたちを見ることの楽しさといったら！　"この子たちはどうやって、やりたいことを進めていくんだろうか？"と、私自身がだれよりも楽しんでいました。そんな子どもたちの輪の中におとなも入れてもらって、いっしょにつくりあげた1年でした。

（高見亮平）

あとがき

　2008年3月に、はじめて本郷のひとなる書房にうかがってから、もうすぐ8年。この間、2010年の3月に監修者のおひとりの神田英雄先生が亡くなり、2011年には東日本大震災がありました。私自身が編著者を担当していいのか、書き続けていいのかと、悩んだことも何度もありました。しかし、神田先生の最後のお仕事であるこの「子どもとつくる保育」シリーズを世に出したいという監修・編集・著者全員の思いと、多くの実践者の保育に対する熱意に支えられ、なんとか本書をまとめることができました。

　本書は、たくさんの貴重な保育実践をもとに作られました。何度も書き直しているため編集の都合で取り上げられなかった実践もあり、申しわけなく思っています。とてもすぐれた楽しい実践ばかりで、「4歳児保育」の奥深さを学ばせていただきました。読者のみなさまにも、本書にまとめられた子どもの姿にふれていただき、「4歳児っておもしろい」「4歳児保育ってやっぱり楽しい」と思っていただければ幸いです。お世話になったみなさまに心より感謝申し上げます。

　最後に、田代康子先生とひとなる書房の松井玲子さんに感謝申し上げます。田代先生は2008年に私をひとなる書房に紹介してくださった方ですが、お忙しいなか原稿をていねいに読んでくださり適切なコメントをくださいました。また、松井さんは、いっしょに遠方の園まで足を運んだり保育研究会に参加して共感し合ったりしながら辛抱強く私につきあってくださいました。松井さんの熱意と忍耐で本書は日の目を見ることができたと思っています。本当にありがとうございました。

（齋藤政子）

監修者紹介

加藤繁美（かとう しげみ）

1954年広島県生まれ。山梨大学名誉教授。著書に『保育者と子どものいい関係』『対話的保育カリキュラム 上・下』『対話と保育実践のフーガ』『記録を書く人 書けない人』『保育・幼児教育の戦後改革』『希望の保育実践論Ⅰ 保育の中の子どもの声』（以上、ひとなる書房）、『0歳から6歳 心の育ちと対話する保育の本』（学研教育出版）など。

編著者紹介

齋藤政子（さいとう まさこ）

1961年静岡県生まれ。明星大学教育学部教授。保育園で保育士兼発達相談員として障害児保育にかかわる経験を持ち、「乳幼児の発達と保育」について「現場から学ぶ」をモットーに研究している。共著書に『育ち合う乳幼児心理学』（有斐閣）、『安心感と憧れが育つひと・もの・こと』（明星大学出版部）、『就学前教育と小学校教育の連携』（東京書籍）など。

実践記録提供者一覧（本文中、仮名表記の方はのぞく。所属は実践当時）

鈴木秀弘（千葉・和光保育園）
高見亮平（東京・D保育園）
阿形佳苗（静岡・平島幼稚園）
羽田久美子（東京・柚木武蔵野幼稚園、現在は武蔵野幼稚園勤務）
藤田朋子（東京・あけぼの保育園）
吉村千歳・佐下橋康子（京都・西野山保育園）
あそび研究会（東京・豊島区公立保育園）
庭山宜子（東京・荒川区公立保育園）
小川房子（現在、川口短期大学勤務）
進藤真帆（東京・和光鶴川幼稚園）
須永和子（栃木・小俣幼児生活団）

コラム執筆者一覧（所属は執筆当時）

木村歩美（NPO法人園庭・園外での野育を推進する会）
磯崎園子（絵本ナビ編集長）
島本一男・大塚英生（東京・長房西保育園）
太田絵美子（NPO法人アーキペラゴ）
宮武大和（北海道・トモエ幼稚園）

＊本シリーズは、神田英雄・加藤繁美両氏の監修のもと、執筆を担当した研究者が、多くの実践者・研究者とともに、実践の場から学びながら、研究と議論を重ねる過程で生み出されてきましたが、シリーズ1冊目の『0歳児巻』完成を前に神田英雄氏が病に倒れ、他界されました。3〜5歳の幼児各巻については、加藤繁美氏監修のもと、神田氏の思いとそれまでの議論を引き継ぎ、新たな体制で執筆・編集されました。（ひとなる書房編集部）

＊本書には現場の保育者の手によりまとめられた実践記録、学習会・研究会等で報告された実践事例を数多く収録しています。それぞれの実践の分析や位置づけについても、保育者ご自身の考察や、園の職員のみなさんとの間で議論されたこと・確かめられたことに多くを学び、本文に反映しています。ご協力・ご教示いただいた方々に心より感謝いたします。なお掲載にあたっては、プライバシーに配慮して、子どもの名前は原則仮名とし、個人を特定する事実関係は一部変更・割愛しています。また適宜要約・編集しています。（編著者）

カバー写真／川内松男（撮影協力／千葉・和光保育園）
カバー装画／おのでらえいこ
本文イラスト／伊野緑
装幀・本文デザイン／山田道弘

子どもとつくる4歳児保育――揺れる心をドラマにかえて
────────────────────────────
2016年3月20日　初版発行
2024年3月20日　六刷発行

監修者　加藤　繁美
編著者　齋藤　政子
発行者　名古屋研一
────────────
発行所　㈱ひとなる書房
東京都文京区本郷2-17-13
広和レジデンス
電話　03-3811-1372
Fax　03-3811-1383
hitonaru@alles.or.jp

ⓒ2016　印刷・製本／中央精版印刷株式会社
＊落丁本、乱丁本はお取り替えいたします。